朱勇伟 著

浙江古窑址集遗

宁波出版社
NINGBO PUBLISHING HOUSE

图书在版编目 (CIP) 数据

浙江古窑址集遗 / 朱勇伟著 . -- 宁波 : 宁波出版社 , 2023.10

ISBN 978-7-5526-4811-9

Ⅰ . ①浙… Ⅱ . ①朱… Ⅲ . ①窑址（考古）– 文化遗址 – 研究 – 浙江 Ⅳ . ① K878.54

中国版本图书馆 CIP 数据核字（2022）第 243722 号

浙江古窑址集遗　　朱勇伟 / 著

封面题签	骆进之
责任编辑	陈金霞
责任校对	余怡荻
装帧设计	原色太阳
出版发行	宁波出版社（宁波市甬江大道 1 号宁波书城 8 号楼 6 楼）
印　　刷	宁波白云印务有限公司
开　　本	889 毫米 ×1194 毫米　1/16
印　　张	17.25
字　　数	180 千
版　　次	2023 年 10 月第 1 版
印　　次	2023 年 10 月第 1 次印刷
标准书号	ISBN 978-7-5526-4811-9
定　　价	268.00 元

版权所有　侵权必究

朱勇伟 祖籍浙江绍兴,1943年重阳节生于宁波。当过兵,种过田,当过工人,下过岗,摆过摊,在人生的荒原上默默耕耘……

序一

残瓷碎片皆有情

朱田文

打开厚厚的书稿，里面全是一张张残瓷、碎片的照片以及鉴赏文字。从商周汉晋，到唐宋元明清，涉及宁波、绍兴、台州、金华、衢州、杭州、湖州、温州、丽水等9个地区，凡省内陶瓷产区的主要古窑址，几乎被囊括。

出版这样一本专著，需要跑多少路？需要付出怎样的心血？这只有作者本人朱勇伟先生甘苦自知了。

与朱勇伟先生相识于20世纪80年代，当时文学潮初兴。他创作了不少文学作品，在省内外发表，一个人的变化与追求，有些是旁人很难理解的。一次笔会之后，他就很少出现在文学圈。后来，大家各忙各的，十多年里竟然不见他的身影。

2014年，在澳大利亚发展的骆进之先生回乡探亲，钱德强、朱和风、叶向群等文友相约聚餐，又见到了朱勇伟先生。席间，他谈得最多的是古陶瓷，还随带一个大本子，里面有图有文。他津津有味地讲着跑古窑址的趣事，并翻开本子请朋友们欣赏。

原来，在1984—1986年期间，宁波老城开始拆旧建新，埋藏在地底的文化遗址重见天日。朱勇伟先生常能在外运的建筑渣土中发现不少古钱币，或有花纹的陶瓷片。时间长了，慢慢地读懂了它们！

从此以后，他迷上了这一行，甚至放弃了初有成就的文学创作。他四处寻找挖掘场地。建和义路时，挖出的底泥运到新建世纪大道的工地上，他跟在运泥车后面，风雨无阻。下雨之后，表泥被雨水冲刷，是发现瓷片的好时机。雨后初晴，朱勇伟先生便会出现在瓦砾烂泥堆中，寻寻觅觅。他说："我在寻她们，她们也在找我。她们是有灵魂的，睁着眼，仿佛是在向我倾诉。"

中国陶瓷历史悠久，商朝出现了原始瓷，汉晚期发展为成熟瓷。英文中的"china"既是中国之意，又是陶瓷之意，中国就是"陶瓷的故乡"。早在一千多年前，中国瓷器因其极高的实用性和艺术性而备受世人的推崇。

远古的宁波就有丰富的陶瓷器皿。在七千年前的河姆渡遗址挖掘出许多的陶器，唐宋时期的上林湖、东钱湖,越窑青瓷更是名扬四海。作为港口城市,宁波通过海上航线,满载着丝绸、茶叶、陶瓷、梅园石等货物的商船驶向日本、高丽以及中亚、西亚、南亚,远至欧洲、非洲。宁波是"海上丝绸之路"的始发港,也是"陶瓷之路"的重要海港之一。

朱勇伟先生收集了大量宁波出土的古陶瓷标本,卧薪尝胆,厚积薄发,于2007年与人合作出版了《宁波古陶瓷拾遗》一书。该书从原始社会始至六朝、隋唐、五代、宋、元、明、清,收录近千件宁波老城区出土的古陶瓷标本。宁波文物专家林士民先生对此评价道:"别看它破残碎损,对研究宁波历史却有极高的文物价值。"这本专著出版后,朱勇伟先生并没有停步,而是将目光投向浙江全省。

浙江省有窑址2000多座,但如今尚存的不到1500座。随着城市化进程快速推进,基础设施建设、新农村建设增多,古窑址急剧减少。看到这一情形,朱勇伟先生坐不住了,要与时间赛跑。他以一己之力,骑辆旧自行车,带上补胎工具;或背包里塞几块糕点,常常在天未破晓就出发了。为到达荒野之地,还常常搭乘蹦蹦车、农用车。

"就像电视剧《康熙王朝》主题曲里所唱的,我不可能再活500年,不可能跑遍全国的窑址,那就把浙江的窑址跑个大概吧,因为我是浙江人!浙江省是瓷的发源地,是现存窑址最多的大省。"心存这个念想,他就毅然地一次次跑向一个个古窑址。于是,在远离城镇的山坡、峡谷、溪边,在坟墓林立的荒丛,常会出现一位年过六旬老人的身影。"孤胆探窑古风何在,千岁残瓷余温尚存。"在跑窑址过程中遇到的艰难险阻,是常人难以想象的。历经十年,朱勇伟先生跑遍了全省(除舟山、嘉兴之外)300多座有代表性的古窑址,积累了2万片左右的陶瓷标本。

在朱勇伟先生家的书房、客厅,甚至卧室里,摆满了不同朝代的陶罐、瓷片,瓶、壶、罐、盆、盘、杯、碗、碟,整个的,半个的,残损的,一片片,一堆堆,一筐筐,按年代排列有序,并被标上"出生地"窑口。每当夜深人静之时,朱勇伟先生随手拿起一块残瓷,轻轻摩挲,细细观赏,相看两不厌。

十年又磨一剑,朱勇伟先生在这一行,已成为业余中的专业人士。收录入这本《浙江古窑址集遗》中的陶瓷标本,90%是他本人亲历者,这样就弥补了许多专业著作的阙如。

难能可贵的是,朱勇伟先生在书稿中提出了不少新的观点。如诸葛碗(或称暖碗),业内一直没有定论。朱勇伟先生率先提出,应定名为"祭盘",因为有四五片类似的标本,都是从寺院遗址出土的。另如宁波老城出土的"陶弹丸",有专家认为是狩猎用的。朱勇伟先生经过反复比较研究,又根据一次出土数量达400—500颗之多,认定其是防御用的火炮陶弹丸。

朱勇伟先生还帮助日本学者村上博优考证出日本"陶祖"加藤四郎的濑户烧启蒙地,就在宁波东乡阿育王寺、天童寺附近。这一观点被用于村上博优的有关著作之中。

陶瓷文化博大精深,奥妙无穷。手捏一片残瓷,辨别真假,考证年代,寻到"娘家"窑口,非一朝一夕之功,而是需要长期研究、摸索。仅东钱湖一带的窑址,朱勇伟先生就去了上百次。前不久,本人有幸跟随他去东钱湖探访古窑址。在福泉山下水村一带,发现几个窑址被有钱人圈进,大门内狼狗狂吠,闲人不得入内,朱勇伟先生非常失望。在蛇山、鼠山看到几个被盗挖得乱七八糟的古窑址,他又痛心疾首。

如今，除上林湖之外，宁波古陶瓷窑址保存完好的不多，大多数都被填平以造路建房了。全省情况也不容乐观，古陶瓷窑址在一天比一天减少。因此，出版《浙江古窑址集遗》这样的专著也就显得弥足珍贵，这对于后人研究陶瓷工艺演变，以及历代人们生活习惯、民俗风情、艺术趣味等，都具有重要的实证意义。可以说，朱勇伟先生是宁波市跑古窑址最多的人，也是收藏古瓷片数量最多，对其最有研究的民间人士，可谓是自费跑遍全省古窑址"第一人"。

前些天，朱勇伟先生将这本专著的大堆手稿拎来，嘱我先看看，并希望为之作序。我不是名人，也非陶瓷研究专家，作序是不够格的，但在阅读书稿时被他的精神深深打动，又不忍违了一位老者的心意，故写了这些话，以助读者更好地理解一位古陶瓷守望者的一片痴情。

2023年4月6日草于宁波耕云楼

（序作者系宁波日报社主任记者）

序二

诉说与聆听

（自序）

从这个城市拆老房子建高高新房子的那个年代起,我就热衷于在拆毁了的古色古香的老房子的瓦砾堆中掏挖古钱币。远去了的日子成了故事。掏挖古钱币,有时也会掏出几片有图案或有文字的古瓷片,煞是可爱。我把它们一片片带回家,收藏起来。一把小锄头挖起来是很费力的,挖土机挖起来可就狠了,它把汉晋唐宋元明清的"垃圾"都挖出来了,然后装上车,一辆辆驶向郊外。于是,我骑着辆破自行车,也不顾大风大雨的夜晚,跟丢了一辆车,就在十字路口等着下一辆,不怕找不到它们的倾倒场……

雨后的倾倒场,总能觅到睁着眼睛似的古钱币。我找它们,其实它们也在找我。那些陶瓷的残件碎片,使我想起遥远的年代,这些断腿缺臂,甚至粉身碎骨了的陶瓷"精英"要是能活到今天,说不定也是上千万、上亿的身价了!

集在家里的破碎瓷和古钱币多了,我就会经常记认它们。日子长了,我感觉它们对我有一种诉说的欲望,慢慢地,我听懂了它们埋在历史褶缝里的那些遥远的故事!

它们为了诉说古老的文明,争先恐后地沿着古代陶瓷之路奔向世界,宁波三江口的唐宋码头镌刻着它们的足迹。

当人们热衷于参观名胜古迹,回来后向他人诉说游玩经历时,我选择了古窑址。说实话,我一开始跑窑址也是以旅游为主的,只是受《考古》《文物》类杂志的影响多了,想去探个究竟。1994年的一次出行,我是下了大决心的,先是撇下多年书写文学梦的笔,再退职、下岗,从业余爱好者成为专业跑窑址的。那天,我骑了辆旧自行车,带了套补胎的工具就大胆地往前走了!

也不知是什么能如此地吸引我。有几天,大地还没有醒过来,山也没亮出它的色彩,我就上路了。从宁波过镇海的汶溪,经慈溪的上林湖下余姚,越四明湖,爬梁弄,过上虞的丰惠西进,直至上虞的小仙坛。来回14天，行程500里，实践出真知！就这样，我渐渐地认识了越窑。

然而，古陶瓷的学问是博大精深的，宁波又是古代陶瓷之路的集散地，让这些漂泊了几千年的"孩子"找到家是件十分艰难的事。我知道我无法跑遍全国的古窑址，那就把浙江的古窑址跑个大概吧！我是浙江人，浙江是瓷的发源地，是现存古窑址最多的省份。有了这个念头，我毅然接着跑起了古窑址。每当到了古窑址，我就心无旁骛，揣着那颗奔放的、赤诚的心来寻找我的知音，聆听它们古老而遥远的诉说。

那阵子，当初春的风摇曳着满坡的绿色欢迎我，当带刺的藤蔓热情地缠住我的双腿，当我融进无边的天籁中，我就想唱、想哭、想呼喊……锲而不舍，金石可镂，我看到了那些青的、黄的、粉的、月白的、米色的、天蓝的如玉似翠的精灵从岁月的长河里涌来，落进我那《浙江古窑址集遗》的永恒里。

朱勇伟
2023年5月于宁波明楼北区

目 录

绍兴地区	001
宁波地区	027
台州地区	095
金华地区	107
衢州地区	125
杭州地区	139
湖州地区	153
温州地区	167
丽水地区	217
后记	266

绍兴地区
SHAOXING DIQU

绍兴为国务院批准的全国第一批历史文化名城之一，早在春秋战国时期为古越的国都。绍兴在中唐时称越州，下辖山阴、会稽、萧山、诸暨、上虞、余姚、剡县等县。象征中国文明的瓷器就起源于绍兴的上虞。

曹娥江中游的上虞为越窑窑场的中心地，临江的上浦镇两岸是窑址最密集的区域。有资料显示，上虞地区已发现东汉至宋代的窑址达400多处。

绍兴地域内战国至六朝时期的窑群主要分布在东部的富盛、陶堰区域及西北部的钱清地区，共10余处。新昌以拔茅镇为中心、嵊州以长乐镇为中心的宋代窑场也有近20处。诸暨是绍兴地区除上虞外越窑窑址遗存最密集的区域，大部分窑址分布于市区的东北面，范围涉及10余个乡镇。其年代从春秋战国、汉唐一直延续到宋代，这些以普通百姓为消费对象的窑群遗存之大，令人惊叹！如诸暨市枫桥镇骆家桥村的宋窑群有2万余平方米。

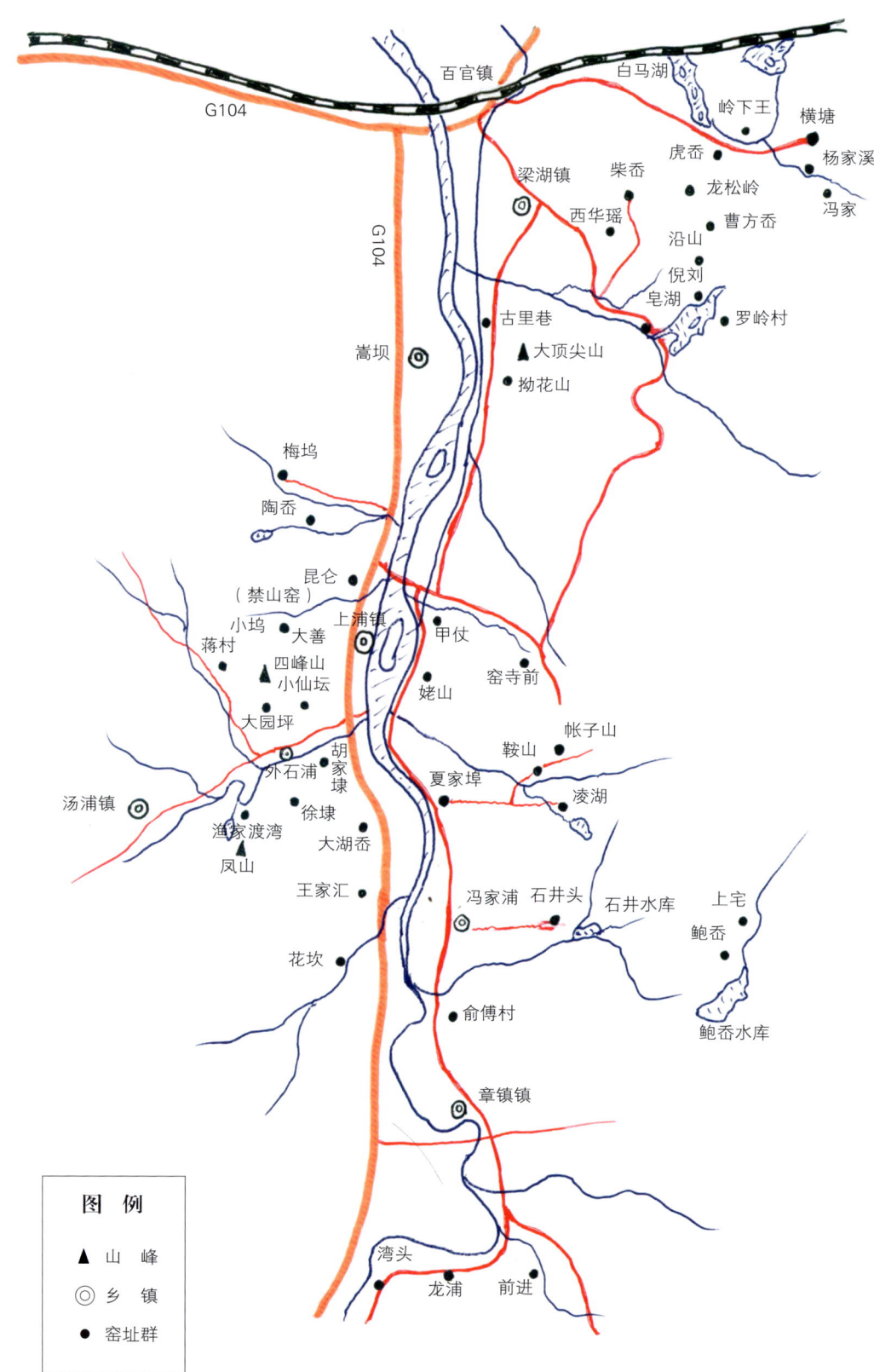

上虞窑址群分布示意图

上虞早期越窑址概况

朝代	窑址地	窑址点
东汉	四峰山窑群	小仙坛，大园坪，龙池庙后山，石浦村大（小）陆岙
东汉	凤山渔家渡	石菖岙西，乌贼山西，凤山岭西，横岙东
东汉	大湖岙村 王家汇村	朱家山，平果山，捣臼窝山，馒头山，前山，大树山
东汉	花坎村	杨梅山，船山（村东北不到一里，汉早期烧黑釉器）
东汉	拗花山村	石泉岙，光相寺岙东、南，清明山北，朝北山北，金山北，面前山北，笠帽山南及古里巷村乌龟山
东汉	龙松岭窑群	柴岙村窑山，窑山大路东，龙松岭大路北，沿山村冲担山北，曹坊岙，倪刘村平地山
东汉	凌湖窑群	凌湖山畚箕窝，大车山北倒转岗，大平地山，唐家湾虎皮山，帐子山，冯家村窑山
三国西晋	上浦镇 西北窑群	梅坞村平阳山，陶岙村虎尾巴山、大湾山，昆仑村，田螺山，大善村禁山，前山，凤凰山，尼姑婆山，小坞平南山，华山，石浦村的陆岙，吴家埭村，石门槛，徐湾村里庵基等
三国西晋	东北窑群	凌湖村鞍山、帐子山，甲仗村庄湾里
三国西晋	驿亭镇 横塘窑群	横塘村庙山、蛤蟆山、马山、馒头山、半界庵山，岭下王村倪阁岙，倪严村凤凰山，杨家溪村馒头山，冯家村石王山，虎岙村大山等
三国西晋	皂李湖窑群	罗岭村多柱山、祝家山、朱家山、老鼠山，倪刘村龟山、庙山、保驾山
东晋	驿亭镇横塘	杨家溪村羊岙山、顶拱岙
东晋	梁湖镇皂李湖	华光村晾网山（始于西晋），皂湖村鲤鱼山及上浦窑寺前
南朝	梁湖镇	西华瑶村后山头、窑山，沿山村周岙长池湾、南山头
南朝	上浦镇	姥山村绳头山，甲仗村华岗，夏家埠村帐子山

续表

朝代	窑址地	窑址点
唐	丰惠镇	何岙村贝公岙、双溪地等
	上浦镇	凌湖村窑山、甑底山、凌湖山、象鼻山、台山，夏家埠村帐子山
	龙浦乡	湾头村仙人山、风吹山头狼夹岙、叶家山，前进村大鱼山、西家山、风翼梢山
五代	上浦镇	甲仗村窑寺前、盘窝湾、龙脐山、庄山头、后山，夏家埠村帐子山、暖坪，凌湖村虎皮山，冯家浦乌龟山，上宅村前山
宋代	上浦镇	甲仗村深爿山、鲶鱼口、象里山湾、天花山上湖子傅家岭、章湾里及窑寺前，红明村大棱山，夏家埠村帐子山，石井水库窑山，凌湖村西河塘山、唐家湾蛇山、纱帽山，俞傅村黄家山、戚家山，王家汇村外斜山，鲍岙水库畔鲍岙村，上宅村水官头山
	驿亭镇	横塘刘家山
	丰惠镇	岙口村田螺山、义葬山
	梁湖镇	倪刘村陈家牛山，罗岭村阑亭口茶山
	汤浦镇	蒋村霸山等

1-001 晚商—西周组合纹罐。口径9.5厘米,底径8.5厘米。上虞严村东的李村出土

1-002 西周绞绳状直贴对系盂。口径9.8厘米,底径9.5厘米,高6.7厘米。斜腹部饰有波弦纹数道,开跳刀纹工艺之先河。底纹为晾坯件的地席纹。购于绍兴古玩市场

1-003 战国原始瓷碗。口径10厘米,高5.6厘米。碗内底及壁满布弦纹。上虞上蒋西堡村出土

1-004 战国原始瓷残碗。绍兴富盛战国窑址出土

1-005 富盛战国窑网格印纹罐残片

1-006 富盛长竹园窑双线方格菱形纹罐残片

1-007 富盛战国窑斜方格米字纹罐标本

1-008 富盛战国窑方格纹罐标本

1-009 宁波老城区出土的战国灰软陶三角乳丁纹炉标本

1-010 富盛战国窑主要纹样。由左向右：斜方格十字纹，米筛纹，杉叶纹，曲线纹，席纹

1-011 宁波老城区出土的春秋黑衣软陶炉标本。纹饰仿同时代的织品锦纹

1-012 春秋战国黑衣软陶炉标本。该残片纹饰相当丰富，由长尾凤鸟、花草及漩涡波涛纹组成，非拍印之纹

1-013 富盛严家村出土的战国拍印米字纹陶罐。口径7.6厘米，底径7.5厘米，高9厘米

1-014 宁波老城区出土的春秋战国软陶罐，饰有仿衣饰锦纹缠枝梅朵花卉带

1-015 西汉盘口双系弦纹小陶罐。购于绍兴古玩市场

1-016 上虞花坎窑西汉晚期壶腹部标本

1-017 花坎窑东汉早期罐标本

1-018 花坎窑西汉晚期、东汉早期瓿标本

1-019 花坎窑东汉早期黑釉印纹罍标本

1-020 西汉早中期兽形双耳带盖瓿。腹径37厘米,高30厘米,该瓿有凸弦纹,造型大气。宁波西部高速公路工地出土

1-021 上虞梁湖拗花山村光相寺西窑战国—汉硬陶罐标本

1-022 光相寺窑群出土有不少先汉印纹陶

1-023 光相寺南窑东汉梳条纹、内外施黑釉原始瓷罍标本

1-024 光相寺南窑东汉罍口肩部残片。其断面之厚可见东汉中期器物厚重

1-025 光相寺西窑出土的东汉壶系耳标本

1-026 拗花山村东汉窑群标本一组：窗框纹，梳条纹，红陶，麻布纹等

1-027 东汉弦纹双唇陶罐。腹径20厘米，高21厘米。耳饰叶脉纹。双系罐俗称泡菜罐。拗花山村出土

1-028 上虞上浦渔家渡村凤山窑东汉中晚期褐釉残虎子（提梁为后接）

1-029 小仙坛窑东汉晚期罐类耳饰叶脉纹（又称杉叶纹）青瓷系标本

1-030 叶脉纹系标本二品。现今小仙坛窑址已很难觅到此类标本

1-031 小仙坛窑出土的东汉晚期蝶形方格纹标本

1-032 小仙坛窑出土的三角网格加直条纹东汉白釉瓷标本，十分珍稀。真正的小仙坛青瓷，居众汉窑之首

1-033 东汉晚期网格纹内组合三角方框纹青瓷标本

1-034 大园坪为四峰山小仙坛的姐妹窑，其制瓷技艺之成熟不亚于小仙坛窑

1-035 四峰山窑址出土的东汉晚期梳条纹青瓷标本

1-036 帐子山窑东汉杉叶纹双系罐标本

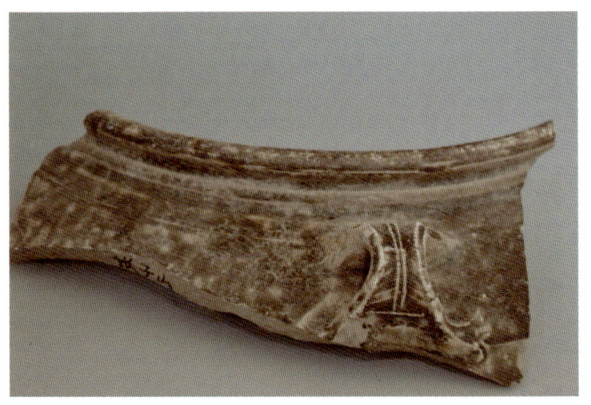

1-037 帐子山窑东汉杉叶纹双系黑釉罐标本

1-038 东汉黑釉瓷标本二枚。帐子山窑在东汉晚期烧黑釉瓷，已有相当成就

1-039 帐子山窑在东汉晚期烧制的罍标本。与1-024相比，已显示出年代的飞跃

1-040 帐子山窑东汉黑釉瓷标本

1-041 2014年幸存于帐子山窑址中的西晋青瓷标本

1-042 皂李湖窑址三国吴内印井字菱框网带纹盘标本

1-043 皂李湖窑出土的西晋青瓷碗。菱格变小，格内井字浅淡

1-044 皂李湖窑中网格纹、上下花蕊状联珠纹、带铺兽衔环钵标本

1-045 皂李湖窑西晋青瓷标本。无花蕊状联珠纹，年代相对较早

1-046 凤凰山大善村窑三国吴标本。中菱框内井字纹仍可见

1-047 凤凰山窑西晋标本。中菱格内井字模糊

1-048 大善村窑址出土的西晋青瓷残碗。网带格内井字消失

1-049 梁湖晾网山窑西晋网格纹铺首衔环青瓷壶标本

1-050 凤凰山窑网格花蕊纹青瓷罐标本

1-051 晾网山窑青瓷洗标本。成点状网格，时间相对较晚

1-052 帐子山窑群南朝莲瓣纹残碗

1-053 宁波法院巷出土的三国吴杉叶纹青瓷罐标本

1-054 宁波天一广场出土的三国吴菱框直条纹带筒形罐标本

1-055 宁波天一广场出土的西晋兽足筒形尊标本

1-056 宁波中山路偃月街口出土的西晋点状网格纹青瓷罐标本

1-057 宁波老城区出土的西晋晚期印龙纹带青瓷钵标本。晋龙纹标本极少见

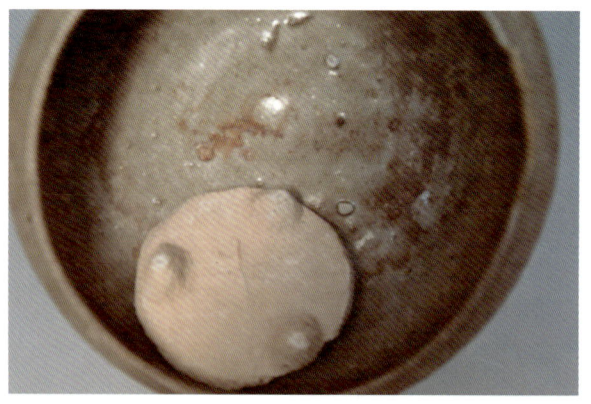

1-058 宁波老城区出土东汉钵形碗。口径14.5厘米,底径8.5厘米,高8.5厘米。出土的东汉瓷碗不多,残片在窑址也很少见,内底常留三点垫烧痕,为该时代的特征

1-059 汉晚末双系水波纹弦纹青瓷壶残器,彰显出成熟瓷佼佼者的风韵。购于上虞市场

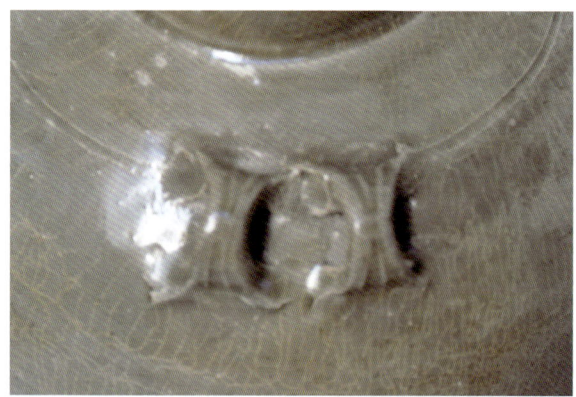

1-060 东晋双对系盘口壶,25厘米×31厘米。晚期的系叶脉已消失,只剩二直二横条纹。购于宁波奉化溪口

上虞窑寺前村

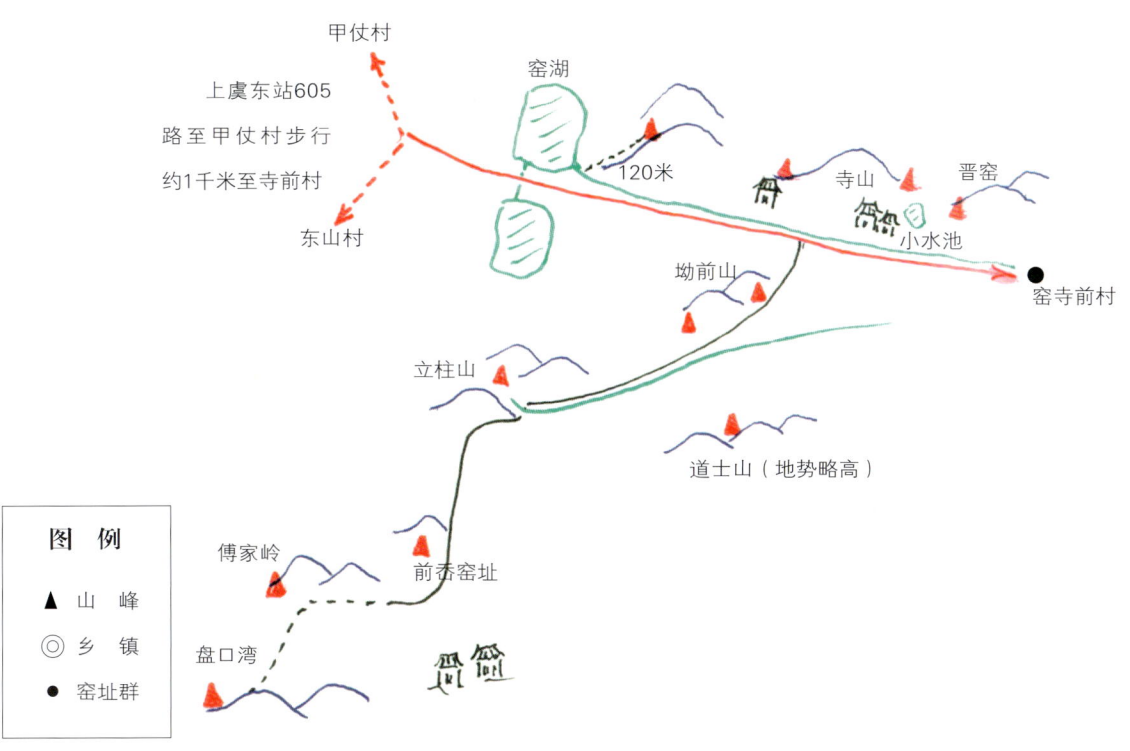

窑寺前窑群路线示意图

寺山之窑废堆积

1-061 西晋网格纹青瓷残碗。窑寺前的西晋窑址具一定规模，但很少被人提及，位见窑群示图

1-062 窑寺前窑除发现有西晋窑废堆积外，也发现少量南朝时的标本

1-063 窑寺前窑南朝褐彩标本

1-064 窑寺前窑南朝青瓷残钵。10.5厘米×5厘米

1-065 窑寺前窑五代碗标本。内碗心十字符，各地窑均有发现，所说其意不一

1-066 北宋初期卧足莲瓣纹盘残片。为窑寺前窑之精美标本，十字径，16.7厘米×7厘米

1-067 窑寺前窑北宋早期刻牡丹纹盒盖标本

1-068 窑寺前窑北宋早期擂钵标本

1-069 窑寺前窑北宋青绿釉浅浮雕牡丹纹执壶标本

1-070 窑寺前窑北宋早期外撇足印双鱼纹杯标本。十字径,5厘米×5厘米

1-071 窑寺前窑北宋早期执壶标本二件

1-072 窑寺前窑群中有几个专烧平民百姓日用器之窑,此标本为较优者

1-073 窑寺前窑北宋早期刻双鹦鹉纹盘标本。十字径,7厘米×5厘米

1-074 上虞上浦镇的石井村甑底山窑,初烧于隋至初唐

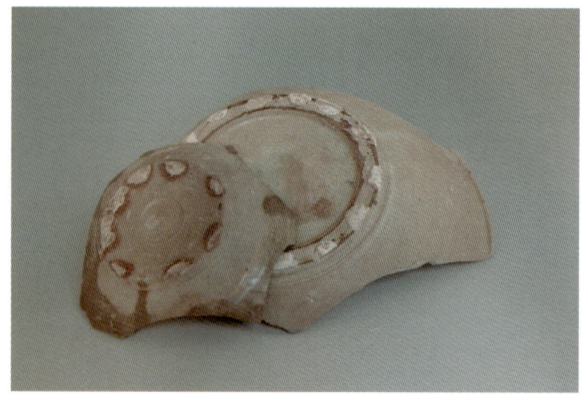

1-075 甑底山窑中晚唐玉璧底、玉环底碗标本

1-076 甑底山窑晚唐壶罐灯标本

1-077 甑底山窑大平底碗折沿洗标本。该窑烧至唐末五代初

1-078 凌湖虎皮山窑五代大平底圈足碗标本。该窑制品大都精细

1-079 虎皮山窑五代—北宋盘碗之底足

1-080 虎皮山窑五代—北宋标本一组

1-081 石井头村窑山窑北宋早期刻莲瓣纹碗标本

1-082 窑山窑北宋早期压棱残盘

1-083 窑山窑北宋写意"守猎图"碗标本

1-084 窑山窑北宋中期"龟荷纹"而无龟残片，右为刻草卉团花纹碗残片

1-085 窑山窑北宋标本之一

1-086 窑山窑之窑具：碾轮、垫圈、印纹抵具

1-087 窑山窑北宋标本之二

1-088 窑山窑北宋瓜蒂钮菊瓣盒盖。7.2厘米×3.1厘米

1-089 帐子山窑北宋瓜蒂钮菊瓣粉盒残盖。8.5厘米×2.5厘米,其年代稍早

帐子山窑址群

1-090 帐子山窑唐晚期玉璧玉环底碗标本。白色支钉痕特别密集

1-091 帐子山窑五代早期大平底圈足碗标本

1-092 帐子山窑五代末北宋早期莲瓣纹碗标本。瓣内有篦划纹的时间相对较晚

1-093 帐子山窑北宋荷龟纹碗标本二件

1-094 花草纹又称缠枝花,国外也称唐草纹,北宋多见,其精美程度以宁波上林湖为最

1-095 帐子山窑五代—北宋精标本一组

1-096 帐子山窑五代"使用"款残碗标本。"使",疑指使司官署,唐后特派负责某种政务者称"使",如节度使、转运使等

1-097 北宋早期莲瓣纹素烧残碗。精品常常在素烧后再施釉,也有火候欠佳的窑位作干燥用

1-098 帐子山窑西晋凸弦纹宽沿口青瓷洗标本，口径部残留 22.5 厘米 ×5.5 厘米，复原口径约 35 厘米。为该窑西晋时期珍稀标本

1-099 帐子山窑址中采到罕见的北宋末黑釉瓷残片一枚，是否由该窑所产，不加妄断

1-100 黑釉瓷之背底

1-101 帐子山窑北宋时的执壶，烧制得相当精美

1-102 帐子山窑五代至北宋初早期的精标本,可见越瓷鼎盛期之风韵

1-103 诸暨是绍兴地区除上虞外窑址最密集的地区,骆家桥窑群大都烧制民用陶质酒瓶及叠烧碗

1-104 帐子山窑部分垫具

宁波地区
NINGBO DIQU

　　宁波是我国东海之滨的一个重要港口城市,是国家历史文化名城。自唐以来为中国东部对外贸易的核心港口,"海上丝绸之路"远涉亚非欧近20个国家和地区。

　　上虞地区汉、三国、西晋的瓷窑遗存,无论从数量还是质量上都远超宁波慈溪的上林湖。但从唐代开始的青瓷鼎盛、辉煌期却转向了慈溪的上林湖。"青瓷之都"的上林湖不仅成为越窑青瓷的中心产地,也成为青瓷制作技艺顶尖的代表地区,向世界传播人类的物质文明与精神文明,书写出灿烂卓越的文化。

　　以上林湖为代表的大窑区,包括慈溪的杜湖、白洋湖、上岙湖及古银锭湖,尤其是古银锭湖的寺龙口、低岭头等窑群是不同凡响的"晚年生贵子"之窑,为本书重点推介的窑址。宁波东钱湖窑群,如果包括鄞州区与奉化交界的白杜窑群,曾存有窑址60余处,为宁波地区仅次于上林湖的第二大越窑遗址。

汉、晋的早期越窑以绍兴地区的上虞为代表，宁波也有不少的东汉窑址，本章仅展示、推介有代表性的标本。

2-001 东汉拍蝶形印纹无釉罍。带沿口径 20.5 厘米，腹径 33 厘米，平底 16.5 厘米，高 26 厘米。宁波慈城沈海高速公路段出土

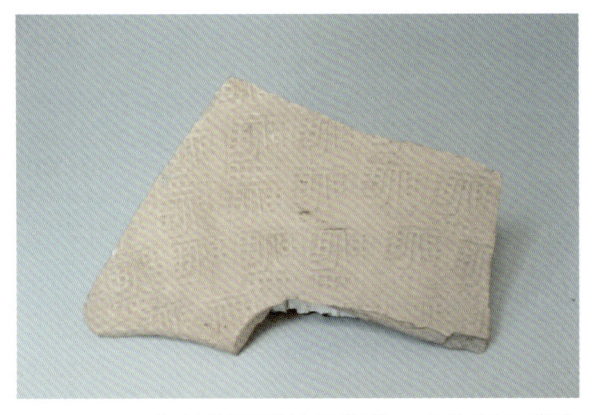

2-002 东汉印蝶形纹罍腹片。宁波江北鸡步山窑址出土

2-003 东汉方框斜方格纹罍残片。宁波江北郭塘岙窑址出土

2-004 东汉晚期梳条纹青瓷罍标本。鸡步山郭塘岙窑址出土

2-005 东汉晚末期弦纹、水波纹青瓷壶标本。郭塘岙窑址出土

2-006 鸡步山（左）、郭塘岙（右）出土之标本

2-007 与2-006同出一地的同期标本

2-008 东汉酱黑釉双系残罐。带宽沿，口径12厘米，残高12.2厘米。宁波东钱湖茶亭农作地出土

2-009 东汉晚期鸡步山、郭塘岙酱褐釉青瓷标本

2-010 东汉红陶网格纹酱褐釉（灯）盏、黑褐釉盘口壶标本。采于上林湖

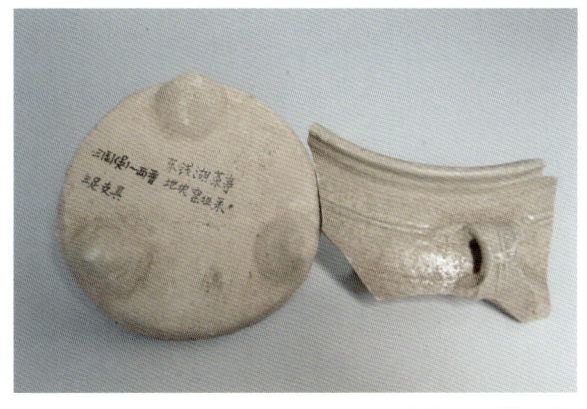
2-011 汉—西晋间隔具三足支钉、晋罐系标本。宁波东钱湖郭童岙窑群茶亭段出土

2-012 宁波老城区出土的东汉晚期青瓷标本（三角组合条纹、相对组合圆弧纹、直条框方格纹、斜方格米字纹、直条圆框方格纹、钱形日光纹、含暗字条框组合纹）

2-013 宁波老城区出土的东汉叶脉双系弦纹黑胎黑衣硬陶罐。腹径20.5厘米，高20厘米

2-014 宁波城区出土的东汉晚期绿釉陶标本。5厘米×5厘米

2-015 宁波老城区出土的东汉罍罐类精瓷标本

2-016 东汉中晚期,盘口贴杉叶纹系瓷壶。腹部5道粗凹弦纹,褐色薄釉大都已脱落。盘口径14厘米,腹径26厘米,盒形底16.5厘米,高34厘米。宁波西郊岐山段高速公路工地出土

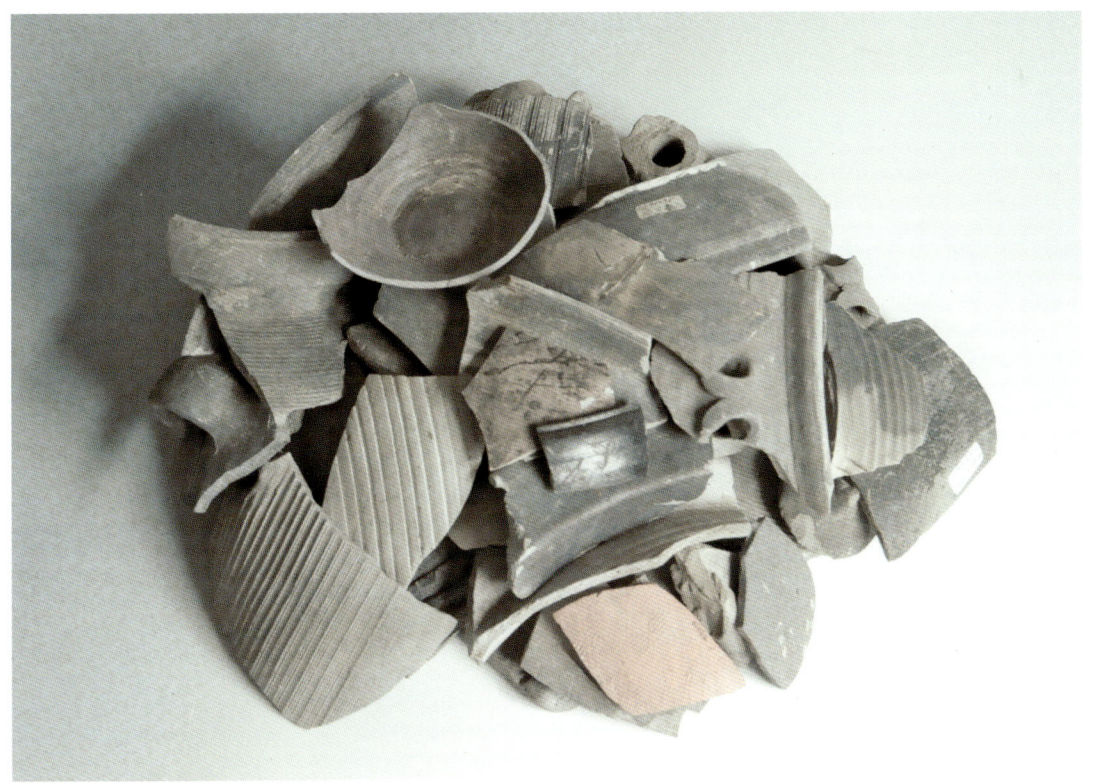

2-017 宁波老城区工地出土的东汉—晋早期软陶残片。数量不少,制作大都精薄,有的黑衣纯而亮,类薄壳陶神韵,然窑址中极少发现

2-018 南朝六瓣莲花纹深腹残碗。11厘米×6厘米。宁波江北云湖窑出土

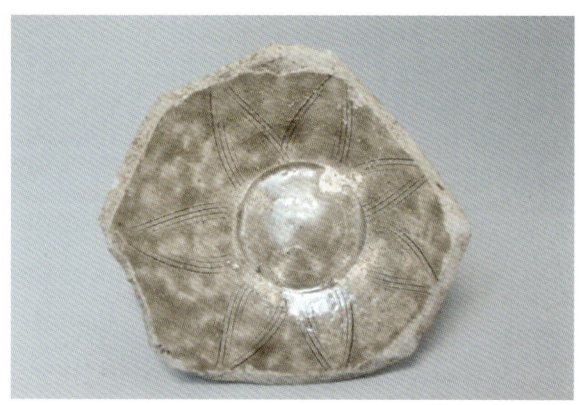

2-019 南朝七瓣莲花纹碗残片。采于宁波江北英雄水库云湖窑

2-020 南朝沿口褐点彩残盘、壶之桥形系标本。云湖窑出土

2-021 南朝莲瓣纹盘残片。云湖窑出土

2-022 南朝重莲瓣弦纹六系青瓷罐（对称横二系加对称竖双系），为云湖窑精品之珍稀标本。腹径15厘米，内凹饼足底6.7厘米，至口沿高11.5厘米

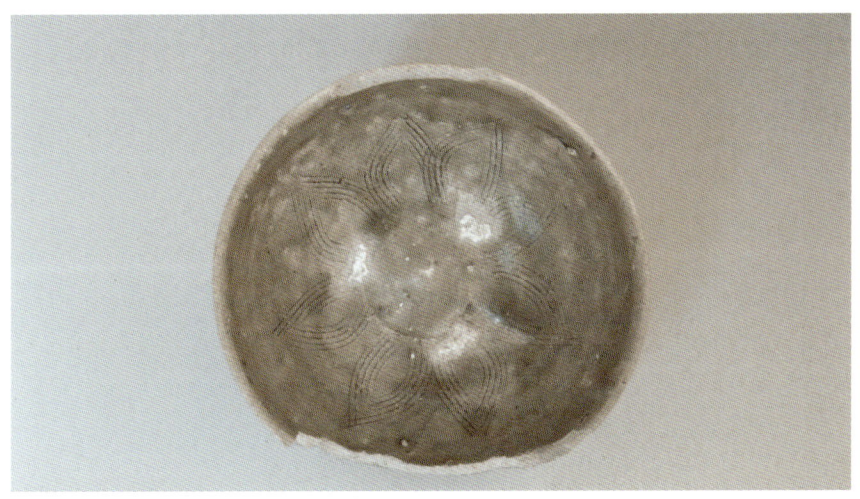

2-023 南朝八瓣莲花纹深腹残碗。10.7厘米×5.5厘米。上林湖鳖裙山窑址出土

2-024 南朝鳖裙山窑莲瓣纹盘、盏。盘，13.7厘米×3.6厘米；盏，9厘米×4.5厘米。山民农夫常以盏、盘组合饮茶

2-025 东晋末,莲瓣纹(左)尚未盛行,然饼足底已始行。较精的器具,外底足也施釉。两器内底都有白色晶体释出,此种现象成为有些窑之特征。宁波老城区出土

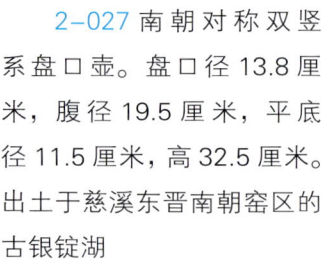

2-026 西晋末—东晋点框棱格纹水盂。框内戳印点已消失。腹径7.5厘米,高3.5厘米。出土于慈溪古银锭湖区

2-027 南朝对称双竖系盘口壶。盘口径13.8厘米,腹径19.5厘米,平底径11.5厘米,高32.5厘米。出土于慈溪东晋南朝窑区的古银锭湖

2-028 东晋四系罐。口径10厘米,腹径15.5厘米,平底径8.5厘米,高13.8厘米。宁波城区解放路迎凤街口出土

2-029 隋双系盘口壶。盘口及一系残,施半釉。腹径12.8厘米,高15厘米。宁波城区西门口文昌大酒店出土

2-030 隋—初唐四系罐。施釉不及底。腹径17厘米,高18厘米。奉化出土

2-031 采于上林湖窑址。隋代不过30余年,陶瓷标本在专著中很少披露。笔者认为隋陶瓷的特征,早期继承南朝,饼足为主,器外施釉近底;晚期露胎见多,向外翻撇,形如喇叭状之足,多见于簋上

2-032 隋黄釉饼足残杯。高7.2厘米。该杯制作规整，釉色清亮，杯内近口沿一圈施釉，其余露胎，疑为碾茶之器。宁波城区药行街境清禅寺遗址出土

2-033 隋唐饼足侈口青釉碗标本。内底无支烧垫痕。10厘米×4厘米。上林湖狗颈山窑址出土

2-034 隋黄釉饼足浅腹残碗。14.5厘米×4.8厘米。宁波城区和义路唐宋古码头遗址出土

2-035 隋饼足侈口青釉碗标本。除足底均施满釉。上林湖狗颈山窑址出土

2-036 隋花口喇叭形足青釉盘标本。上林湖黄婆山窑址出土

2-037 唐初期凸平底青瓷碗。16厘米×6厘米。初唐时碗如钵状而腹浅，内外都施半釉，饼足已模糊不成形。宁波城区和义路解放桥东唐宋古码头出土

2-038 唐早期侈口褐彩斑残大碗。21厘米×6厘米。碗外施半釉，平底浅削一刀成玉环底假圈足。宁波老城区出土

2-039 唐中期侈口青黄釉大碗。21.8 厘米 x6.5 厘米。已显玉环形之足。宁波城区东渡路市舶司遗址地块出土

2-040 唐中期青黄釉酱褐彩斑盘口壶。耳系均残，大块彩斑成三角形分布，占器面一半。腹径 24 厘米，平底径 13 厘米，高 29 厘米。宁波城区东渡路市舶司遗址地块出土

2-041 唐中晚期玉璧底青黄釉斜直腹敞口碗标本。上林湖高车头窑址出土

2-042 五代青黄釉圈足茶盏托具标本。高车头窑址出土

2-043 唐中晚期宽玉环底青黄釉微弧腹压棱敞口碗标本。高车头窑址出土

2-044 五代狭玉环底青黄釉大平底盘标本。高车头窑址出土

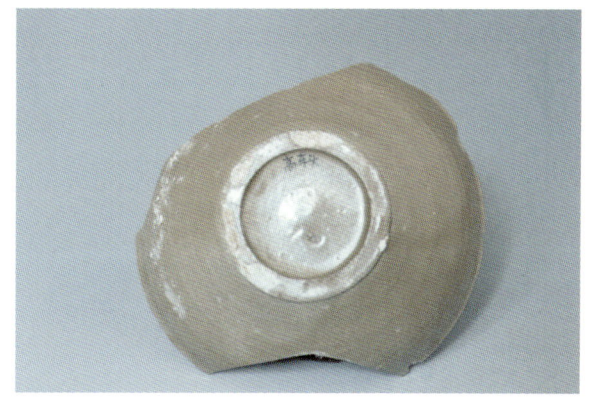

2-045 唐晚期玉环底青黄釉弧腹敞口碗标本。高车头窑址出土

2-046 唐末—五代淡青釉早期缠枝四莲纹高足器残底。采于宁波老城区工地

2-047 北宋早期青黄釉缠枝四莲纹碗残底。高车头窑址出土

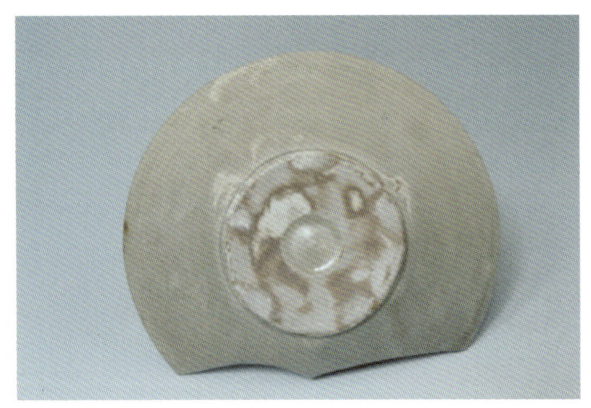

2-048 宁波城区和义路唐宋古码头遗址出土标本

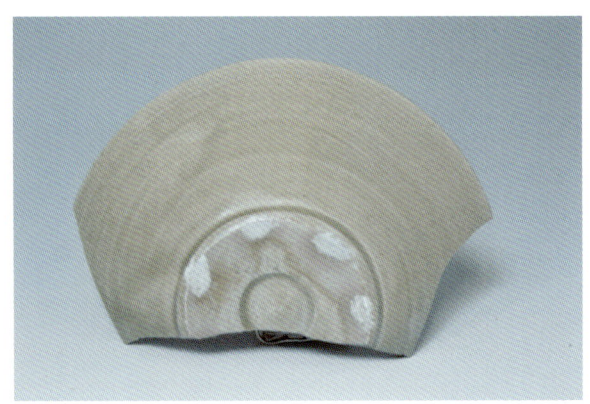

2-049 唐中晚期青黄釉玉璧底碗标本。上林湖狗颈山窑址出土

2-050 五代泛紫青黄釉刻莲瓣壶或罐底腹部残片。外底刻9或太极符。上林湖狗颈山窑址出土

2-051 唐晚期青釉双系残小罐。上林湖狗颈山窑址出土

2-052 五代青绿釉秘色瓷圈足盘残片标本。上林湖狗颈山窑址出土

2-053 唐末五代青绿釉八棱水瓶腹部标本，北宋早期刻菊瓣纹青釉残盒盖标本。上林湖狗颈山窑址出土

自中唐始,越窑青瓷的器型流行仿金银器,到鼎盛期的晚唐,连釉色也追求黄金的色泽,这种黄色被藏研陶瓷的发烧友称为黄秘,以法门寺黄釉秘色瓷碗为鉴。

以黄色调占主要比例的黄秘,肯定是古代工匠刻意追求之色,太多具偶然烧成的黄色不属黄秘的范畴,它包括造型、修坯、釉面等整体标准。

黄秘的胎本身具有黄的色调,而且大多较青灰、青绿釉器胎疏松,这可能与瓷土的特殊配调有关。胎质致密又无细微开片的黄秘,连小小的一块标本都十分难觅。黄秘,实为秘色瓷中的秘色瓷。

2-054 宁波老城区出土的部分晚唐黄釉器标本

2-055 唐晚期上林湖后施岙窑黄釉压棱五瓣花口划莲花纹侈口碗标本

2-056 唐晚期上林湖狗颈山窑黄釉侈口碗标本

2-057 上林湖后施岙贡窑五代秘色瓷之碗底

2-058 唐晚期青绿釉玉环底敞口碗标本。制作工艺极精良,为后施岙贡窑难得之秘色瓷标本。右为全封闭瓷质匣钵残片

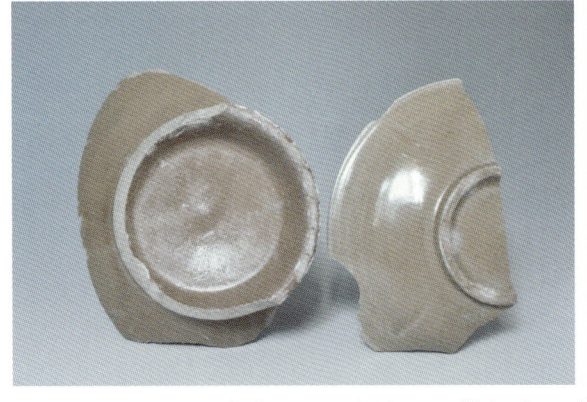

2-059 左:晚唐黄秘釉外撇高圈足簋标本。造型娟秀,黄釉微泛紫,为难得之标本。右:黄秘釉环底足压棱残盘标本。该片虽有细微开片,仍属黄秘色范畴。上林湖荷花芯窑址出土

2-060 晚唐刻划莲纹压棱花口秘色青黄釉海棠式残杯。上林湖黄鳝山窑址出土

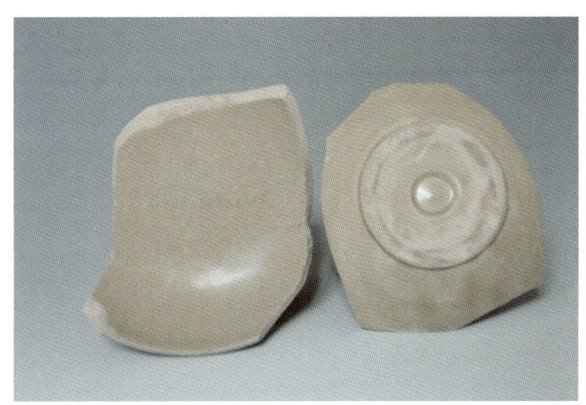

2-061 此两件黄秘标本如双胞胎，出自后施岙窑址

2-062 晚唐青黄釉朵荷花纹圈足碗残底。上林湖马溪滩窑址出土

2-063 左：晚唐精制双系盘口小壶标本。右：晚唐黄秘釉盒盖标本。上林湖黄鳝山窑址出土

2-064 北宋早期青黄釉双鹦鹉缠枝花卉纹残盘标本，刻划纤细。上林湖马溪滩窑址出土

2-065 晚唐青黄釉莲叶朵荷花纹玉环底敞口碗标本。上林湖马溪滩窑址出土

2-066 北宋早期后施岙窑缠枝莲纹标本

2-067 五代残片。左：狗颈山窑"上字"款，右：后施岙窑"大"字款

2-068 五代—北宋初青灰釉外撇足盘残片。内底双鹦鹉纹嘴衔瑞草，刻划纤秀，可惜只留一鹦鹉半幅

2-069 狗颈山窑（左）、后施岙窑（右）之碎精片

2-070 左：吴家溪窑唐晚末斜弧腹敞口碗标本，右：五代微外撇足大平底盆标本

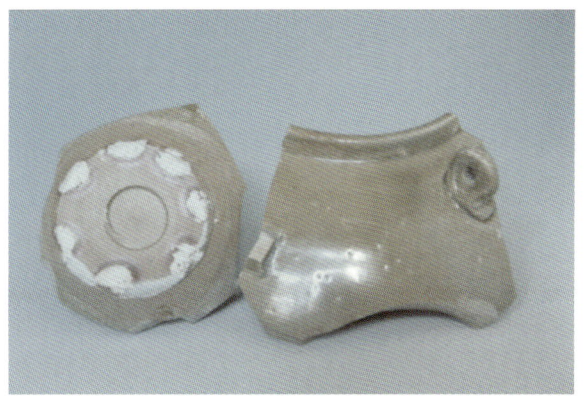

2-071 左：唐中晚期玉璧底标本，右：似为扁圆形多系罐，造型奇特规整，内外施青黄釉滋而润泽。为吴家溪窑晚唐精片

2-072 左：五代平底折沿口瓷盏，右：北宋早期两孔作固定油灯盏，也作寺庙多盏之树灯用。吴家溪窑址出土

2-073 五代双弦纹水注。腹径7厘米，残高6厘米。吴家溪窑址出土

2-074 北宋盒盖残标本。釉色大都不清亮，但印纹装饰较为上乘。吴家溪窑址出土

2-075 北宋早期残香薰标本。吴家溪窑址出土

2-076 右：石马弄窑唐末碗外底垫痕足端，左：五代之垫痕已移至足的内沿。该窑五代釉色明显提高

2-077 唐末青灰釉碗底。外底刻有"上"字，圈足外有连续H纹，可能为窑工刻划符号。采自白洋湖石马弄窑址

2-078 石马弄窑址精标本。左：五代刻菊纹青绿釉壶盖，右：北宋早期印鱼藻纹残盒盖

2-079 石马弄窑址标本一组：五代喇叭形高足残盒、残托具，北宋早期高足残杯二件

2-080 北宋剔刻浅浮雕仰莲瓣器底。底"米"字纹为八莲瓣定位所用。石马弄窑址出土

2-081 石马弄窑五代北宋刻莲瓣纹、荷叶脉纹标本三枚

2-082 唐晚期青釉敞口残大碗。19厘米×6.2厘米。慈溪里杜湖枫树湾窑址出土

2-083 唐中晚期玉璧底碗标本。慈溪里杜湖枫树湾窑址出土

2-084 左：唐晚末盘，大平底已出现。右：圈足碗内底。慈溪里杜湖枫树湾窑址出土

2-085 左：唐晚末盘之玉环底足，右：碗之圈足

2-086 北宋晚期青灰釉刻划开光牡丹鼓腹残执壶。残高16厘米，慈溪里杜湖枫树湾窑址出土

2-087 左：北宋中晚期对系双直线瓜棱标本，右：北宋晚期窑变釉斑喇叭口标本

2-088 北宋执壶系之印纹：百合、鸡冠花、蕨菜、芍药等。里杜湖枫树湾栗子山窑址出土

2-089 唐晚期带鋬残药壶。栗子山窑晚唐时壶类釉色（右）比北宋时滋润亮丽

2-090 唐晚期玉环痕迹平底。支垫点密集，有别于唐早中期此类碗。里杜湖栗子山窑址出土

2-091 栗子山窑晚唐—北宋罐、灯盏类标本一组

2-092 栗子山窑北宋晚期写意荷叶脉瓣口碗标本

2-093 栗子山窑北宋褐色釉侈口小罐（也认作鸟食罐）。口径4.4厘米，腹径5.5厘米，高4.4厘米

2-094 唐中晚期汶溪小洞岙窑址出土标本

2-095 宁波非窑址出土的历代部分器系标本

宁波是唐宋越窑的大本营，宁波老城区及宁波唐宋古码头遗址出土的越窑残器、标本最能印证越窑址产品的流通情况。本书所收录的标本，除个别已在《宁波古陶瓷拾遗》一书使用外，均为首次面世。

2-096 晚唐青黄釉药壶。錾嘴残失，盘口残，腹径10.2厘米，高10.5厘米。 宁波城区和义大道地块古码头出土

2-097 晚唐青黄釉喇叭口执壶。手把失，口残。腹径9.5厘米，高14.2厘米。宁波城区和义大道地块古码头出土

2-098 晚唐青黄釉橄榄形瓜棱执壶。口嘴残，手把失。腹径11.5厘米，残高17.5厘米。 宁波城区和义大道地块古码头出土

2-099 晚唐青灰釉药壶。嘴失錾残。腹径10.8厘米,高12厘米。宁波城区药行街境清禅寺遗址出土

2-100 宁波老城区出土的陶器残片

2-101 晚唐青黄釉喇叭口执壶。口嘴残,手把失。腹径9.6厘米,高12.7厘米。药行街境清禅寺遗址出土

2-102 北宋早期青灰釉喇叭口残执壶。口径9.7厘米,腹径15厘米,高19.3厘米。宁波市中心天一广场地块出土

2-103 五代湖绿秘色釉青瓷折沿残钵。口径22.5厘米,高11.5厘米。此钵入窑前按秘色瓷工艺制作。药行街境清禅寺遗址出土

2-104 鲍家墈窑南朝印带蕊莲瓣纹圆孔红胎陶熏炉

2-105 宁波鄞江鲍家墈陶窑,红胎酱褐釉西晋菱孔硬陶熏炉(驱蚊用),附在炉上的为该窑址出土的网格纹陶片

2-106 宋紫胎硬陶盏。叠烧报废甚多,有些底有多种符号。盏为印模制作,平民大多以此盏作油灯用

2-107 南宋鲍家墈陶窑红硬陶缸残片。其口径估测有一米

2-108 鲍家墈陶窑蘑菇状残窑具。原具应有文字数行,惜残具仅留"玖月"二字

2-109 鲍家墈陶窑明双竖系硬陶壶(附窑址出土的明青花瓷片),此壶平民多作火缸烧水之用

2-110 红陶陶抵手。烧结坚硬,抵面径 7.5 厘米,高 7.2 厘米。握手面有圆孔,孔外半球面刻交叉三角纹。为不易采觅之完整工具,鲍家墈窑址出土

 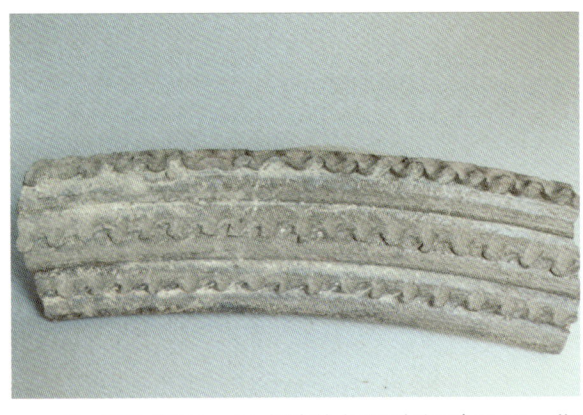

2-111 南宋水波纹贴团菊花缸残片。此陶缸标本早于大路村窑陶缸。采于东乡明堂岙陶窑

2-112 宋末—元水波纹红硬陶缸残沿口。鄞州区龙观乡大路村陶窑出土

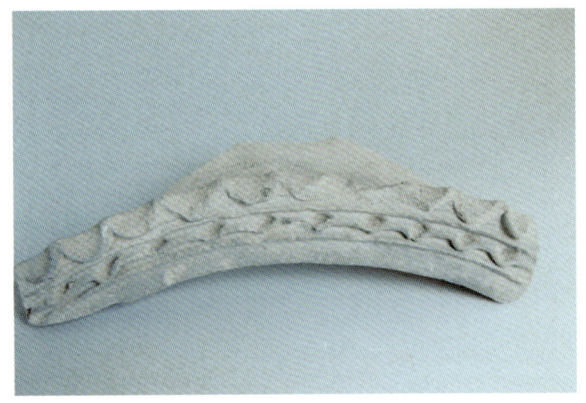 

2-113 宁波老城区出土的南宋早期瓦当标本。可作陶缸参鉴

2-114 鲍家墈村陶窑之缸沿标本

2-115 鲍家墈陶窑熏炉印纹，笔者原大绘制

2-116 2002年初，宁波西门口文昌大酒店二期工地的弃土中，共发现如图陶球300余颗（包括捐给宁波市文保所119颗）。陶球并非博物馆系列教材之一《中国陶瓷》中所说的新石器时代的狩猎弹丸，而是守城防御用的弹丸（有火药熏烧过的痕迹）

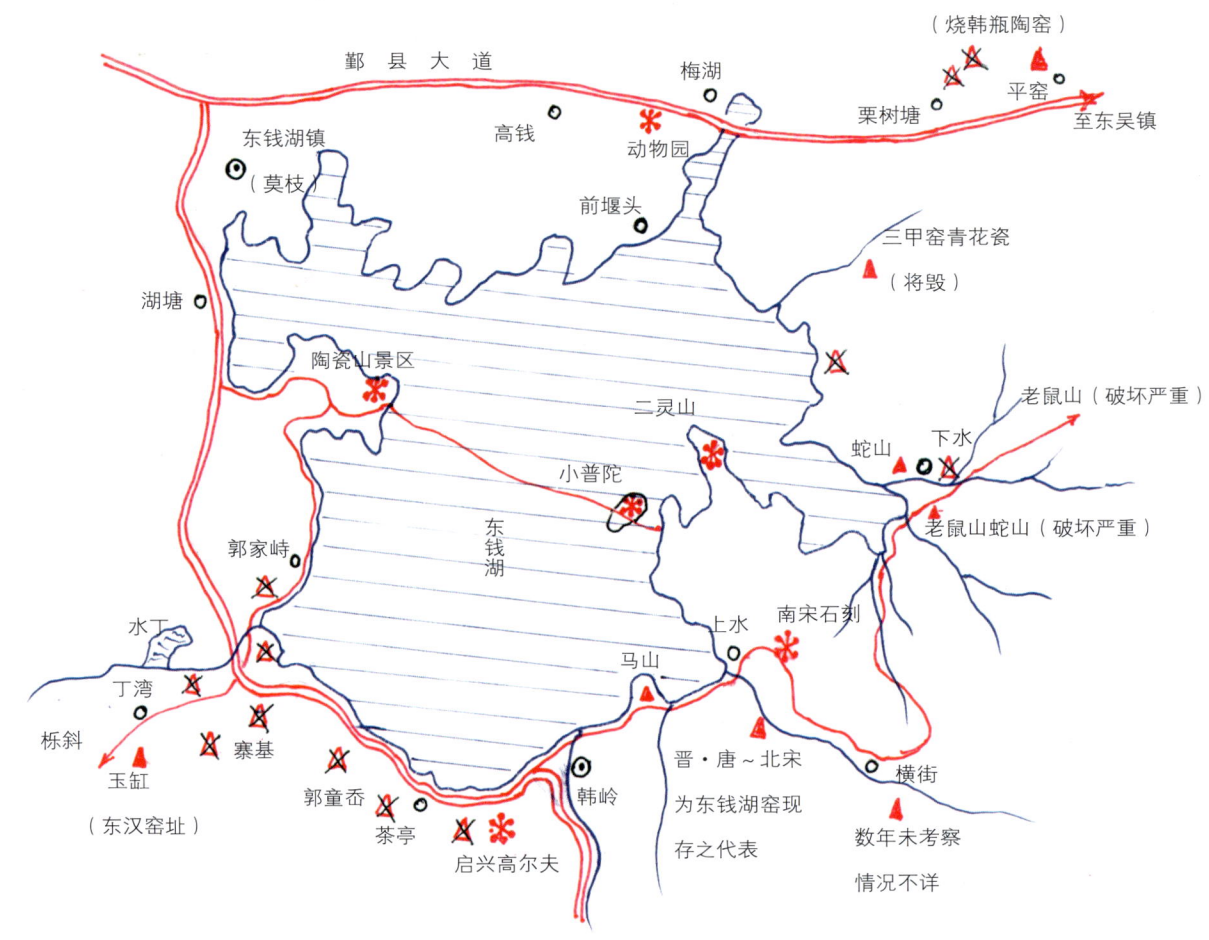

东钱湖窑址群示图

2-117 屋后山窑五代青绿釉重莲瓣纹平底大盘残片。虽胎体厚重,亦显该窑制器之精

2-118 中晚唐青黄釉玉璧底残碗。为宁波东钱湖窑群横省屋后山窑初烧标本,碗外施釉不及底

2-119 五代青黄釉残茶盏托具。屋后山窑出土

2-120 五代—北宋初青绿釉残盘。鄞州区东乡的沙堰窑已毁,之前考察的标本也多丢失。该窑很少见纹饰,修胎规整、器轻胎薄为该窑特点

2-121 五代外浅浮雕重莲瓣卧足底、内刻划双鹦鹉纹残盘。外底刻有"久入"重叠款,因变形而成难得之标本。东钱湖窑群东吴镇窑山头窑址出土

2-122 五代—北宋初窑山头窑青黄釉碗底。内底中有隶草刻款"倩",倩款下偏右另有小字"何"款,疑为工匠之寄托款

2-123 右：五代青绿釉碗残底，左：五代—北宋初青绿釉外刻双线莲瓣纹、内划缠枝花卉纹卧足盘残底。此两枚标本为东吴镇窑山头窑釉色之代表

2-124 北宋中期青黄釉弧腹碗。12.2厘米×5.2厘米。窑山头窑出土

2-125 五代青绿釉瓷盒。口径10.5厘米。附北宋褐釉残水盂。窑山头窑出土

2-126 北宋早期报废叠烧碗。窑山头窑出土

2-127 北宋中晚期褐釉双线瓜棱残执壶。肩部刻双线波形纹。褐色釉器，窑山头窑少见

2-128 古坟潭窑北宋早期青灰釉缠枝花卉纹残碗

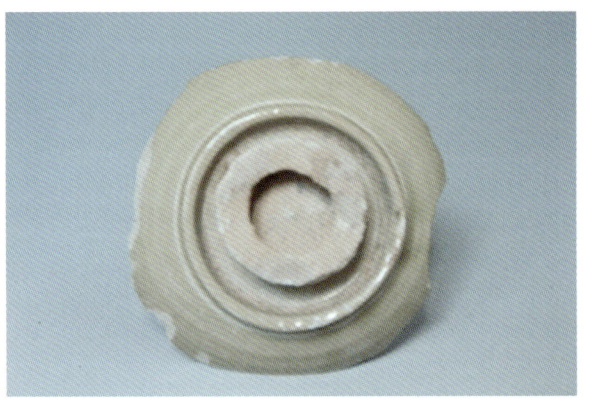

2-129 古坟潭窑五代青绿釉大平底碗之底足

2-130 古坟潭窑北宋盏托碟标本

2-131 古坟潭窑北宋早期青黄釉荷叶寿龟纹盘标本

2-132 五代—北宋初青灰釉雕刻划莲瓣纹盖二品。郭家峙窑址出土

2-133 东钱湖郭家峙窑五代残盒。径14.5厘米，盒底厚，身浅。釉成橘皮状，为过烧所致

2-134 北宋郭家峙窑壶底、缠枝花卉碗标本

2-135 五代—北宋初莲瓣纹残杯（左）、秘色瓷盘（右）标本。郭家峙窑址出土

2-136 北宋早期青灰釉外撇足残杯。高5厘米。郭童岙窑群出土

2-137 北宋早期青灰釉双棱瓜瓣形残粉盒。径8.5厘米。东钱湖今已毁的郭童岙窑群出土

宁波现今尚存的东钱湖前堰头村三甲岙窑址与象山贤庠的山厂窑址，其基本特征相同（山厂窑因建庵堂，已毁）。三甲岙窑址的生产时间早于山厂窑，而烧造的持续时间也长于山厂窑。

　　许多文物资料把三甲岙窑址（包括象山贤庠的山厂窑）定在明，其实它初烧不会早于清康熙，盛于雍正，至道光衰亡，详见标本。

2-138 三甲岙窑（左）、景德镇窑（右）雍正灵芝纹碗盆标本之比较

2-139 左：三甲岙窑康熙—雍正开窗福禄寿灵芝纹青花残碗，右：景德镇窑康熙中期梵文寿字残碗

2-140 三甲岙窑"8"（柴爿码子"5"）、"九"数字款。具体含义不详

2-141 左：三甲岙窑雍正灵芝纹残碗，右：景德镇窑底花窗款雍正灵芝纹残碗

2-142 左：三甲岙窑嘉庆—道光期底"福"字残碗，右：象山贤庠山厂青花窑标本三片

2-143 左、中：三甲岙窑道光青花瓷残碗，右：景德镇窑大清道光年制图章款残碗

2-144 五代青黄釉残碗标本

2-145 三甲岙窑（左）、象山贤庠山厂青花窑（右）垫具

2-146 图 2-144 之底。东钱湖下水村老鼠山蛇山窑址出土

2-147 五代—北宋青绿釉碗标本三品。老鼠山蛇山窑址出土

2-148 北宋青灰釉瓣纹压棱残高足杯。老鼠山窑址出土

2-149 北宋青绿釉莲瓣纹熏炉残体。下水老鼠山窑址出土

2-150 北宋早中期莲瓣纹器皿。可能当时对外出口需求大，此类器皿在下水老鼠山窑中生产旺盛

2-151 宁波古玩市场地摊上东钱湖下水老鼠山窑址出土的精品残片

2-152 此种瓣纹标本，东钱湖窑群烧制特精，上水及郭家峙窑均有秘色瓷发现

2-153 北宋晚期青灰釉削刻瓣线纹残盘。出自下水蛇山窑

2-154 北宋初青绿秘色釉刻划莲瓣纹盘残片。此标本为同类器中之顶级。采自东钱湖上水窑岙

2-155 五代青黄釉浅浮雕重莲瓣莲子纹残盒。盖径12.5厘米，此盖已属秘色瓷范畴。上水窑峇窑出土

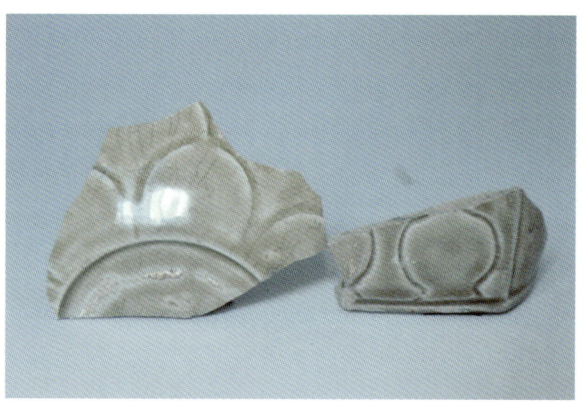

2-156 五代青黄釉浅浮雕重莲瓣盘、圆瓣方盒残片。上水窑峇窑出土

2-157 五代—北宋初秘色瓷"雁荡秋色"图残盒盖。上水窑峇窑出土，东钱湖古时有个大雁村

2-158 五代—北宋早期窑峇窑秘色瓷三品。左图中：如意纹壶盖；左图左：海涛旋涡龙纹残盒盖；左图右：重莲瓣残盒龙身盘行盒盖一圈。右图：海涛旋涡龙纹残盒盖

2-159 五代—北宋早期缠枝四莲纹(左)、缠枝花卉(右)。上水窑岙窑出土

2-160 五代—北宋初雕刻划重莲瓣秘色瓷、青黄釉残盒二品

2-161 东钱湖上水窑岙窑秘色精品标本

2-162 东钱湖窑群常见窑具：垫饼、垫柱、垫环、垫圈

2-163 五代上水窑岙窑青灰釉残盘。口径12.5厘米

2-164 五代宽沿口秘色瓷大平底盘。口沿径14.5厘米,高4厘米。宁波东门口车轿街出土

2-165 晚唐—五代—北宋罐壶残盖。不少属于秘色瓷,宁波老城区出土

2-166 晚唐—五代—北宋残盒盖。不少属于秘色瓷,宁波老城区出土

2-167 晚唐—五代—北宋残（茶盏）托具。宁波老城区出土

2-168 宁波老城区出土的"秋"字款残片

2-169 五代—北宋初残熏炉。宁波老城区出土

2-170 宁波老城区出土的北宋"又十"款残片

2-171 宁波老城区出土的北宋"付皿"款残片，"一"为"皿"的简化之符

2-172 宁波老城区出土的北宋"十一"款残片（"十一"，或即柴爿码子，代表数字11）

2-173 宁波老城区出土的不识之款，可能是窑工"久久出头"之臆想款。亦或为柴爿码子"廿丨一"，表数字21.1

2-174 宁波和义大道古码头地块出土的壶残底"记烧"款

2-175 底款"白官"

图168"秋"字款上有"7"符，其意不详；"秋"可能是窑工姓名中的一字。

数字款从一至十二，资料中唯独未见十二，器上的数字是否表示开窑的月份，器作该月窑工祭祀之用；十二月临近传统春节，为休整之月，故极少开窑。图170"又十"可能为同月第二次开窑，也可能该年有闰月。图173款在案头放了好多年，后受东吴窑"久"字款启发而臆定之。"记烧"款之"记"可能为"寄"之误笔，而出于古码头上，令人遐想。"白官"笔者在《宁波古陶瓷拾遗》用过一次，"白"如果代表一地名，那是慈溪古白洋湖所出；那么绍兴唐时置为山阴，刻有"阴官"的残片是否由古山阴所出？由此相推，北方窑的"新官"也许是指古地名"新"之窑。

2-176 唐中晚期刻狮子纹残碗片，狮子纹饰越窑罕见。宁波老城区出土

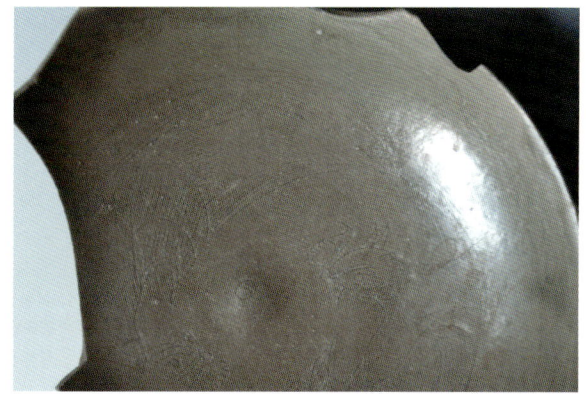

2-177 五代—北宋初青灰釉双凤纹残大盘。21厘米×15厘米，宁波老城区出土

2-178 五代—北宋初秘色瓷缠枝百合花残枕面。宁波老城区出土

2-179 五代—北宋初秘色瓷缠枝花卉残枕面、透雕缠枝花卉残枕身。宁波老城区出土

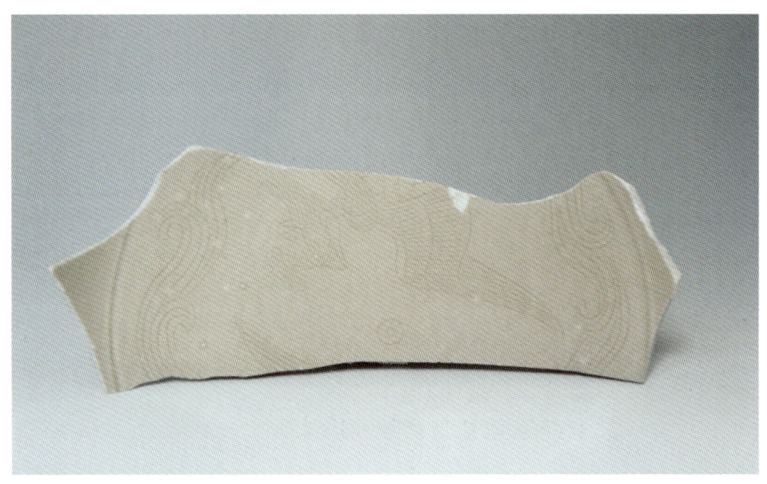

2-180 五代青碧如湖水秘色瓷双凤纹（一凤失）卧足底残大盘。残径 22.5 厘米。宁波老城区出土

2-181 北宋早期双蝶纹瓣形盘残底，此蝶纹相当精秀规整。宁波老城区出土

2-182 北宋晚期青灰釉刻线描双鹦鹉残碗标本，此纹构思独特罕见。宁波老城区出土

2-183 五代末—北宋初秘色瓷标本。尺寸 8.2 厘米 ×7.2 厘米。残足沿及外壁绘纹饰、十字。孔雀纹饰在越瓷纹饰中极其罕见，此标本工笔细刻之功令人惊叹。虽残，幸存孔雀头尾

2-184 北宋简笔写意双金鱼纹标本。宁波老城区出土

2-185 北宋半刀泥线刻加篦纹海涛摩羯龙纹标本。宁波老城区出土

2-186 北宋早期外撇足残盘摩羯龙标本。宁波老城区出土

2-187 五代卧足外重莲瓣内精描莲图秘色瓷大盘残片。宁波五代境清禅寺遗址出土

2-188 宁波老城区出土的秘色瓷标本四品

2-189 宁波老城区出土的唐褐黄彩云纹熏炉盖残片。唐时此釉色器非百姓用。黄婆岙及寺龙口窑址均有少量标本出土

2-190 五代秘色瓷委角方盒,镂孔雕底壁细划勾连云纹带。宁波出土,很珍稀

2-191 宁波老城区出土的部分秘色瓷精瓷标本

2-192 慈溪东岙瓦片滩窑五代青黄、青绿釉大平底残碗。右片垫烧支点痕已移进圈足内,时间相对较晚

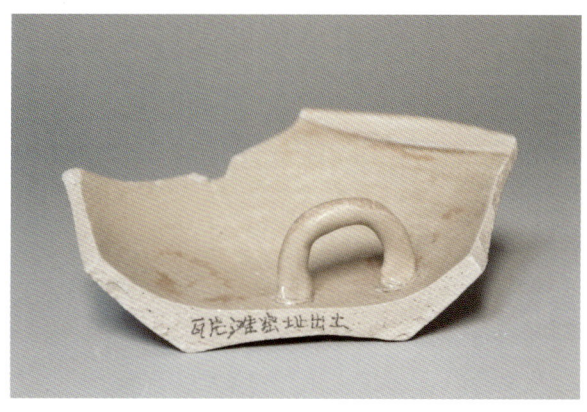

2-193 五代东岙瓦片滩窑址出土之残灯

2-194 唐末—五代初青黄釉玉环底残碗片。瓦片滩窑出土

2-195 五代青黄釉浅圈足"千"字款残盘片

2-196 东岙瓦片滩窑唐至北宋标本一组

2-197 晚唐青绿釉双系瓜棱执壶。口径9厘米,底径7.5厘米,腹径16厘米,高20厘米。宁波城区和义路解放桥东侧古码头遗址出土

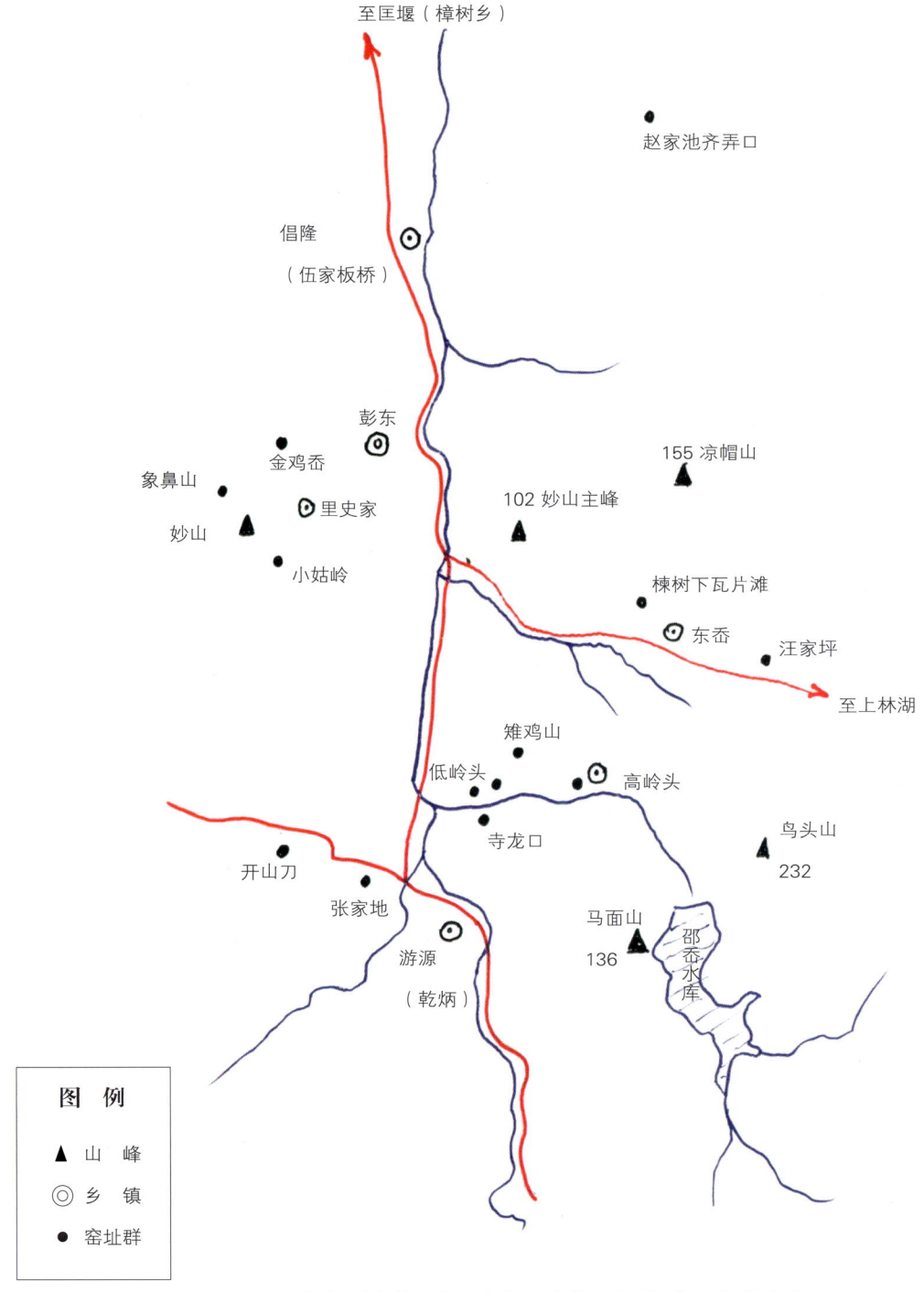

古银锭湖地区主要窑址分布示意图

古银锭湖窑主要分布在今慈溪市匡堰镇,是上林湖越窑的重要组成部分,包括原彭桥、樟树两乡之窑址。古银锭湖地域是由古代潟湖改田而成的,许多窑址在改田时被毁。

2-198 慈溪古银锭湖寺龙口窑唐晚期青黄釉斗笠状敞口大碗。口径20厘米,高6.2厘米

2-199 寺龙口窑唐晚期瓜棱残执壶。腹径13厘米,残高16厘米

2-200 寺龙口窑唐晚期瓜棱腹喇叭口残执壶。腹径14厘米,高24.5厘米

2-201 寺龙口窑唐末五代玉环底圈足底标本二品。大平底青黄釉残碗口径13.5厘米

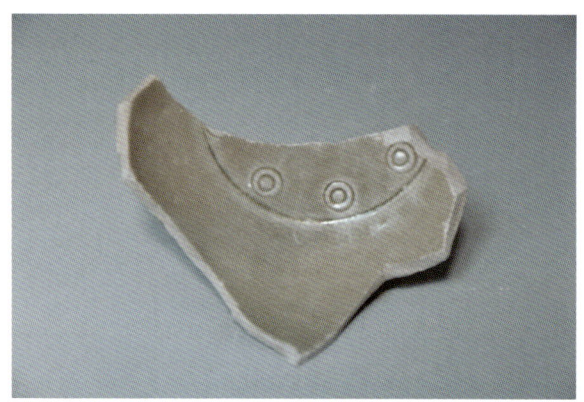 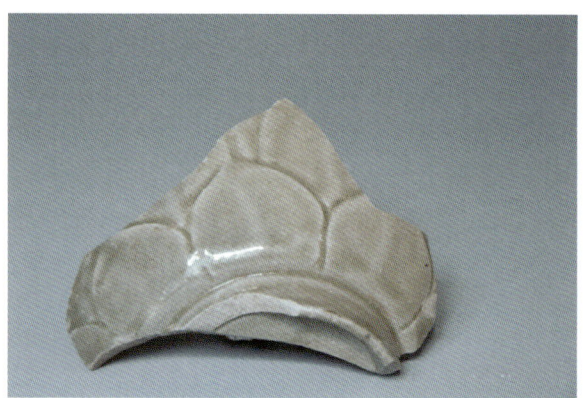

2-202 寺龙口窑五代秘色瓷外刻浅浮雕重莲瓣内刻莲子纹碗标本。十字径,10.5厘米×7厘米

2-203 寺龙口窑五代秘色瓷仿唐金银器花式杯标本。十字径,7.5厘米×7厘米

2-204 寺龙口窑五代秘色瓷仿唐银器花口祭盘标本。十字径,8.5厘米×6厘米

2-205 寺龙口窑五代青黄釉浅浮雕重莲瓣莲子纹准秘色瓷盒盖标本。内留残文，右至左分别为"丁""祉""一"

2-206 北宋寺龙口窑连笔数字"十一"款，疑为开窑月祭

2-207 北宋寺龙口窑"社"字款碗底。社，古时指土地神，祀社有春社、秋社之祀

2-208 北宋早期寺龙口窑刻划双蝶纹青釉瓷残盘标本

2-209 北宋初寺龙口窑刻牡丹纹准秘色残盘标本

2-210 北宋初期秘色釉"蟾蜍砚滴"卧足内卷荷叶残托盘标本。十字径,4厘米×4厘米。寺龙口窑址出土,釉色及工艺都属秘色瓷标准

2-211 北宋早期寺龙口窑细刻划紫葡萄青瓷标本。右片为宁波城区和义路唐宋码头出土

2-212 北宋晚期—南宋早期(右)寺龙口窑刻划摩羯龙标本

2-213 左:北宋晚期百姓用之叠烧碗,内底刻浅浮雕一叶。"一叶落知天下秋",开此纹饰之先河,可见匠师之灵气。右:康熙青花之一叶

2-214 南宋早期寺龙口窑贴塑水波纹青黄釉花盆腹底部标本

2-215 北宋晚期寺龙口窑青绿釉浅浮雕花瓣纹壶盖。此盖疑入窑前已废,后改为火照用之

2-216 北宋晚末浮雕牡丹纹莲瓣纹青绿釉梅瓶中下腹标本。寺龙口窑址出土

2-217 南宋早期寺龙口窑波涛纹青绿釉盆腹标本

2-218 南宋早期寺龙口窑深刻兰草纹青釉长颈瓶上下体标本

2-219 南宋早期寺龙口窑肩瓣纹腹开光牡丹纹喇叭口瓶标本

2-220 南宋早期寺龙口窑浅浮雕兰草纹瘦颈喇叭口瓶标本。十字径,14.5 厘米 ×6.5 厘米

2-221 南宋早期寺龙口窑外刻划重莲瓣纹青绿青黄釉残碗标本

2-222 寺龙口窑址出土的南宋早期传统型越窑瓶类标本

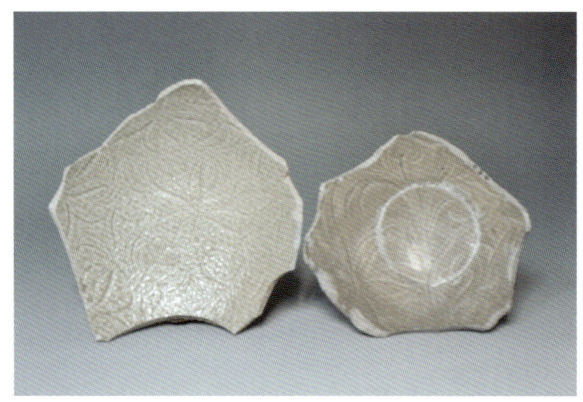

2-223 南宋早期寺龙口窑刻划兰草纹青绿青黄釉碗标本。左橘皮纹釉由过烧而引成

2-224 南宋早期寺龙口窑刻划牡丹纹素烧盘标本。该盘外壁经打磨。许多官品素烧后再施釉

2-225 南宋早期寺龙口窑青绿釉刻划缠枝牡丹纹秘色瓷盘标本。十字径，14厘米×9.5厘米

2-226 南宋早期寺龙口窑外莲瓣内荷叶花纹碗标本（左）、外莲瓣加篦纹内牡丹纹秘色瓷标本（右）

2-227 南宋早期寺龙口窑刻划涡状波涛纹（盘壁缠枝牡丹纹已失）青绿釉秘色瓷盘标本

2-228 南宋寺龙口窑刻莲瓣纹罐盖（附带带状纽片）。径14厘米

2-229 南宋早期寺龙口窑青黄釉刻划兰草纹罐盖标本

2-230 南宋早期寺龙口窑秘色瓷炉标本。沿口下细刻波浪纹,筒腹浅浮雕飞翔状的神鸟

2-231 南宋早期寺龙口窑铺首衔环炉标本

2-232 南宋早期弦纹秘色瓷残炉牡丹纹小罐标本。宁波城区和义路古码头出土

2-233 南宋早期寺龙口窑青绿釉浅浮雕莲瓣回纹炉标本二枚

2-234 寺龙口窑南宋宫廷用秘色瓷宽沿炉标本

2-235 寺龙口窑南宋刻祥云、兰草纹唾盂残盘。盘下有与盂口黏结痕,是唾盂与炉具区别之特征

2-236 南宋早期寺龙口窑开光宽凸棱带、残留半圆环钮拱顶仿青铜器纹之钟标本

2-237 南宋早期寺龙口窑出土的炉钟祭器残标本

2-238 南宋早期拱顶下浅浮雕双层莲瓣纹钟标本。十字径，10.5厘米×9厘米，寺龙口窑址出土

2-239 南宋早期残留拱顶边、存鼎式回纹立（悬）耳之祭器钟标本。寺龙口窑址出土

2-240 南宋早期兽面衔环弦纹甬钟标本。残底径12厘米，残高13.5厘米。此标本为南宋祭祀器中首次发现面世，寺龙口窑址出土

2-241 寺龙口窑址南宋早期器座标本一组

2-242 寺龙口窑南宋秘色瓷碎片标本及乳浊釉标本一组

2-243 北宋晚期青绿釉大高足杯标本。高圈足外卷，下腹刻仰莲瓣，足径12厘米，非一般日用之杯。低岭头窑址出土

2-244 北宋中晚期青黄釉刻划双线交枝芙蓉纹高足碗标本。此莲纹山里人常见，实为芋菜。

2-245 南宋早期低岭头窑乳浊釉、隐圈足、上牡丹下莲瓣梅瓶标本。残高11厘米

2-246 北宋晚期直线状瓣纹碗标本二品。低岭头窑址出土

2-247 低岭头窑南宋官型类天青乳浊釉标本一组

2-248 此花瓣口浅腹碗标本为开刀山窑早期制品,五代遗风犹在,外壁直条纹非压棱而成,而用铲剔工艺

2-249 北宋早期开刀山窑细刻荷叶龟纹盘底标本

2-250 北宋晚期开刀山窑刻莲瓣朵花纹青黄釉碗残底。此标本寺龙口低岭头窑也常见

2-251 南宋早期开刀山窑波涛纹盘底标本。十字径,10厘米×10厘米

2-252 南宋早期开刀山窑灰青釉"百圾碎"开片、哥窑型青瓷标本

2-253 南宋早期开刀山窑龙泉窑类型青瓷标本一组。莲瓣纹片,十字径,10厘米×7.5厘米

2-254 南宋早期开刀山窑钧窑釉类青瓷标本。十字径,11厘米×6厘米

2-255 南宋早期开刀山窑玫瑰紫釉试制官器残片。十字径,5厘米×4厘米。此标本实为珍稀孤品

2-256 北宋刻花、印花残盒二件,盖底非原配。古银锭湖窑群出土

在古银锭湖的开刀山窑发现浙南泰顺型青白釉瓷，甚为惊奇（专业考古中提的开刀山月白瓷不知是否此种标本）。笔者数次下浙南，泰顺有烧此类青白釉瓷的窑址不下10处，以玉塔为代表，烧制的年代也在南宋初早期。是否因朝廷急用尚白瓷，曾有泰顺工匠参与而最终未成气候，尚待考证。

2-257 开刀山窑址采觅到的覆烧具残件及覆烧碗的沿口标本

2-258 浙南泰顺玉塔青白瓷窑址标本

2-259 中上为开刀山窑发现的泰顺烧制残片，底满釉无窑红；左、右为开刀山窑仿泰顺烧制标本；中下为开刀山窑传统烧制残片。上两图之2-258，供与开刀山窑残片比较

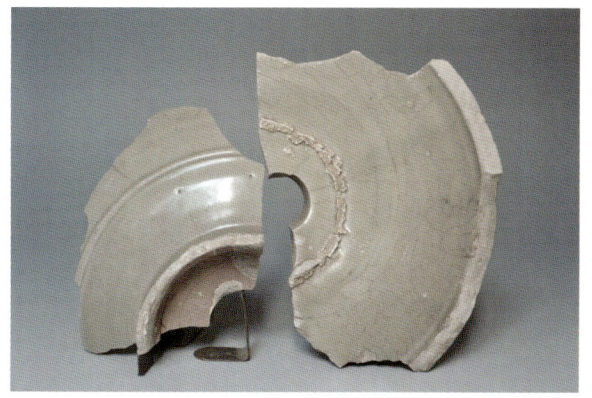

2-260 南宋早期开刀山窑青绿乳浊釉官用花盆标本二件

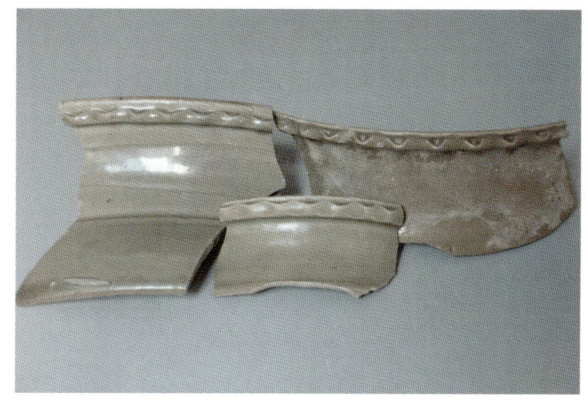

2-261 南宋早期开刀山窑捏塑水波纹（木耳边）官用尊类口颈部标本一组

2-262 南宋早期开刀山窑天青乳浊釉官用盆式残碗标本

2-263 南宋早期开刀山窑天青乳浊釉官用器盖标本。十字径,10厘米×10厘米

2-264 南宋早期开刀山窑天青釉标本一组。真正的天青色釉是非常稀少的

2-265 南宋早期开刀山窑乳浊釉官用鸟食具标本一组。标本（左）6厘米×2.7厘米

2-266 开刀山窑乳浊釉官型类瓷标本汇粹

2-267 晚唐执壶,腹径 13.2 厘米,高 23.5 厘米。雉鸡山窑址出土

2-268 古银锭湖窑群的"再生"窑具各有其美

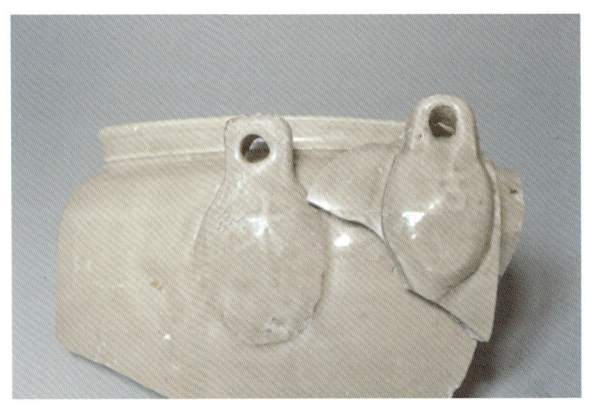

2-269 雉鸡山窑址出土的"太吉"罐系二枚

2-270 雉鸡山窑址出土的此系上有 5 点纹,疑为暗祈五谷丰登

2-271 晚唐残执壶。腹径 11 厘米,高 19 厘米。雉鸡山窑址出土

2-272 古银锭湖鲤鱼山窑天青釉官型类盘标本（上两图），高岭头开刀山窑梅瓶、炉足标本（左中右图），高岭头窑贴塑荔枝纹、梅花纹标本（下图）

台州地区
TAIZHOU DIQU

台州地区位于浙江东南沿海，5000年前已有先民在这里安居生息。唐武德五年（622）改称为台州，以境内天台山而得名。1994年经国务院批准，设立地级市，以椒江为市政府驻地。

台州地区的古窑址，主要分布在黄岩、临海、天台、温岭等境内，以黄岩区的沙埠窑为代表，属越窑的南延系脉。近年来，随着文物普查工作的深入，黄岩共和、埠头堂新发现东汉至六朝的青瓷窑数处；历来被认作无瓷窑区的温岭，在大溪镇的冠城、照洋、山市等乡镇内发现唐、宋窑址10余处，为我国陶瓷发展史书写上浓重的一笔。

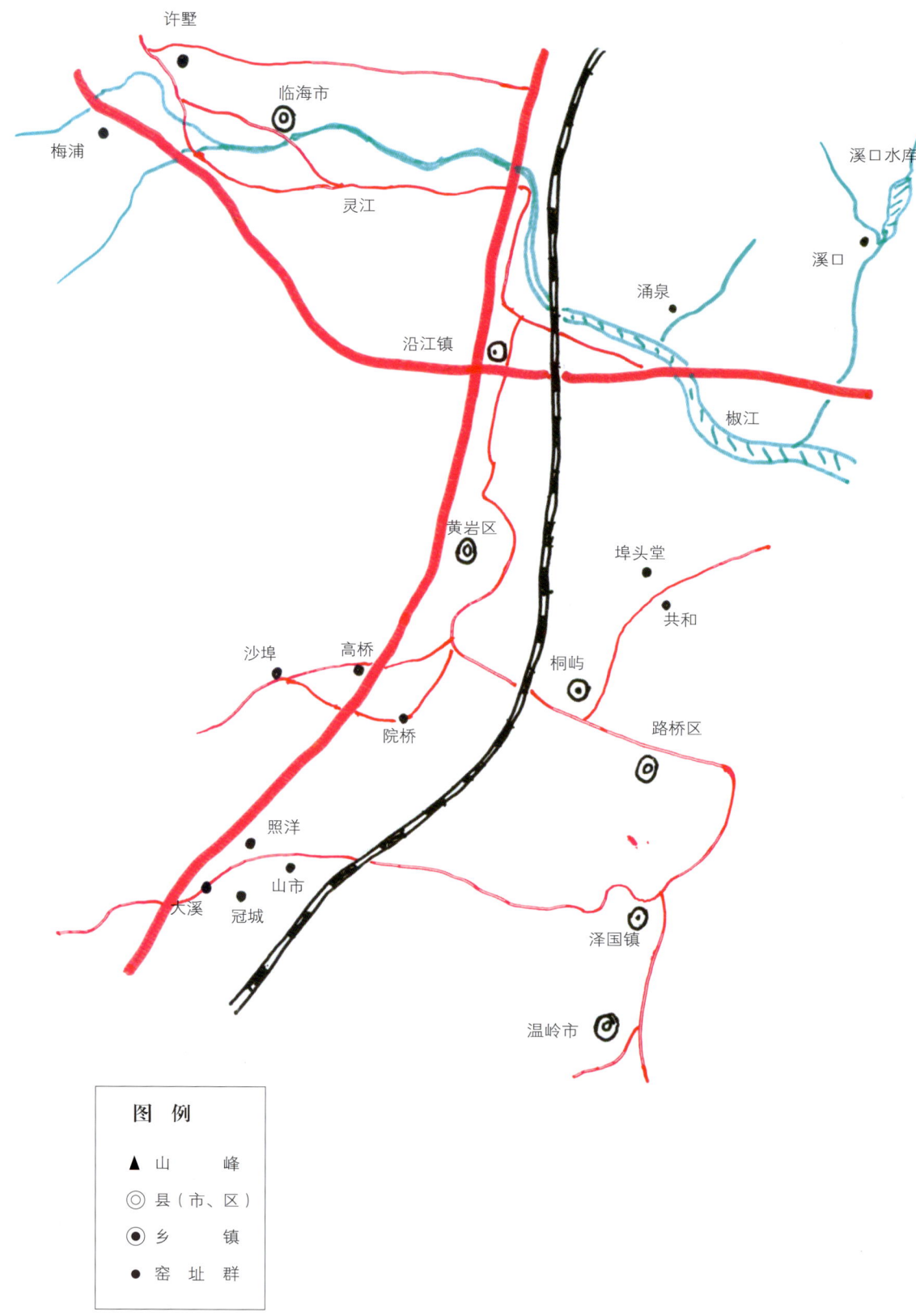

台州地区主要窑址分布示意图

3-001 台州黄岩沙埠窑五代青绿釉大平底外撇足压棱瓣形盘标本。十字径,10厘米×9厘米,具越窑秘色瓷神韵

 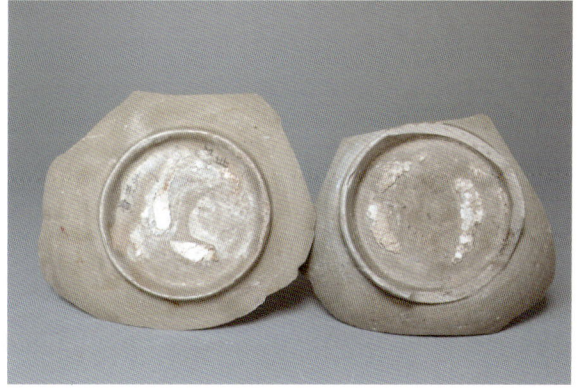

3-002 沙埠窑北宋初早期标本。左压棱碗标本稍早于中高圈足碗

3-003 沙埠下余窑北宋青黄釉仿银器瓣形残杯

3-004 北宋早期双凤牡丹纹秘色瓷卧足大盘标本。十字径，15厘米×12.5厘米。此种卧足大盘只有在上林湖后施岙之类贡窑中能见残碎小标本。宁波老城区出土

3-005 北宋中期黄岩沙埠窑双凤牡丹纹盘标本。十字径，14厘米×11.5厘米。沙埠窑标本在市场上也见过上百片，贡瓷与学仿的商品瓷一比就显高低。上两图之3-004供与此二标本比较

3-006 沙埠窑北宋晚期刻牡丹纹碗标本。十字径，12厘米×11.5厘米

3-007 沙埠窑北宋中晚期刻牡丹纹钵形盘标本

3-008 温岭大溪下员山窑具鱼翅状穿孔的扁瓶标本,满布鱼鳞。线刻鳞状鱼龙标本在唐末五代的宁波上林湖窑址中也十分罕见

3-009 黄岩沙埠窑北宋刻划波涛鱼纹盘标本

3-010 沙埠窑北宋中晚期青黄釉刻双鹦鹉盘标本

3-011 沙埠窑北宋中晚期刻牡丹凤凰纹碗标本

3-012 大溪下员山窑五代印螭龙纹碗标本。此种纹饰在其他越窑址中亦十分罕见

3-013 左：北宋早期越窑莲子莲标本，右：北宋中期龙泉窑莲子纹标本。宁波老城区出土

3-014 左图左：沙埠窑北宋晚期团菊篦点纹标本，左图右：旋轮团菊篦划纹标本。右图：标本背面背折扇骨条纹

3-015 沙埠窑北宋晚期内刻旋菊花卉加篦点纹、背面放射状直条线盏标本

3-016 沙埠窑北宋晚期浅浮雕缠枝莲精瓷残碗

3-017 沙埠窑北宋中晚期刻划花草纹盘标本。口径14厘米

3-018 沙埠窑北宋中期写意独莲子纹标本（上）、酱紫釉标本（下），可见有仿北方"紫定"风格

3-019 沙埠窑旋菊纹标本一组

图3-019所示标本在宁波老城区及古码头有不少出土，广州西村窑也有此类产品。有人把它定为仿耀州窑产品，其实是黄岩沙埠窑自创的，部分属"海丝之路"的外销瓷。而广州的西村窑有仿沙埠窑的可能。

3-020 沙埠窑精瓷片一组

3-021 沙埠下余窑北宋晚期缠枝团菊纹盘、碗标本

3-022 宁波老城区及古码头出土的沙埠窑部分外销瓷标本

3-023 临海梅浦窑北宋早中期盘、碗标本

3-024 梅浦窑北宋晚期碗标本二枚

3-025 梅浦窑北宋晚末南宋早期黑、酱、褐釉标本

3-026 梅浦窑北宋盒、壶罐类标本

3-027 S28高速公路西为梅浦窑，东侧不到一里为里兖窑，以烧平民百姓日用器皿为主。此为北宋晚期残碗

3-028 里兖窑北宋晚期莲瓣纹壶标本

3-029 里兖窑北宋晚期带系罐标本

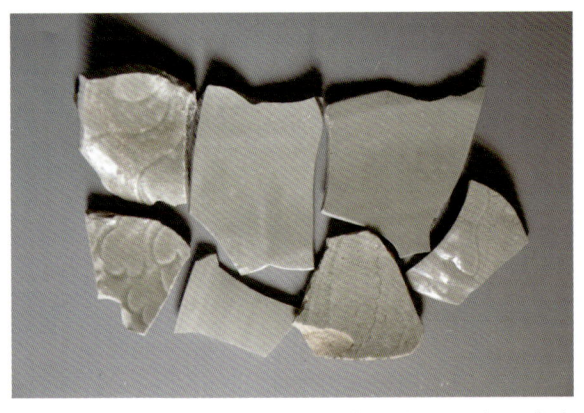

3-030 临海梅浦许墅窑精瓷碎片。购于临海古玩店,建高速公路时出土

3-031 临海许墅窑北宋残托具(茶盏托)。购于古玩店

3-032 下员山窑唐晚期玉环状浅圈足底碗标本

3-034 下员山窑唐晚期青黄釉碗标本

3-033 温岭大溪镇下员山窑唐中晚期玉璧底碗标本

3-035 下员山窑唐晚期刻划莲叶莲花纹标本

3-036 温岭大溪镇山市、照洋、冠城三角地区晚唐至五代窑址中发现印有人物的标本(单人角抵图),极为罕见而珍贵

3-037 温岭大溪窑群出土的五代时期印纹角抵(又称相扑)青瓷碗。两百多年后的高丽青瓷上出现相似的图纹

3-038 12世纪中期,高丽青瓷黑白镶嵌"角抵图"罐残盖。宁波城区东渡路市舶司(务)遗址出土

3-039 宋代,浙江许多褐彩绘瓷很有特色,除浙西衢州的尚仑岗外,大都分布在浙东南的乐清、永嘉及瑞安,而温岭山市南、冠城北的老屋山彩绘瓷窑却鲜为人知。它烧于北宋晚期,早于福建磁灶窑陶胎彩绘

3-040 老屋山窑北宋晚期彩绘瓷标本二品

3-041 老屋山窑北宋晚期彩绘瓷残盖

3-042 福建磁灶窑南宋彩绘陶部分标本。宁波老城区及和义路宋元古码头出土

金华地区
JINHUA DIQU

金华属浙江中部的丘陵盆地地区。金华建县之始在东汉初平三年（192），时名为长山县；南北朝改置金华郡，取"金星与婺女争华"之意；隋时一度改郡为州，称婺州，婺州窑也因此而得名。

婺州窑系包括现今的衢州地区，已发现的窑址在400处以上，为浙江省古窑址遗存的重要地区之一。金华地区连山地面积占百分之九十以上的磐安县也发现有古窑址，其他的县市都有大量的窑（群）址遗存，而且烧制的品种为浙江之最。

以武义的水碓周、东阳的葛府窑、永康的窑坛山为代表的窑群，均具五代、北宋时越窑鼎盛期的风格。金华市的琅琊、兰贝，浦江的朱桥乡，武义的溪里、抱弄口等窑群，生产诸多有龙泉窑特征的珠光青瓷，在宁波外销的古码头遗址也出土有不少标本。众多窑址在烧青瓷的同时，兼烧黑釉瓷或青白釉瓷；从唐始直至元，花瓷、钧瓷类乳浊釉青瓷为婺窑之亮点；以琅琊的铁店窑为代表的钧瓷，在"海上丝绸之路"中扮演过重要的角色。

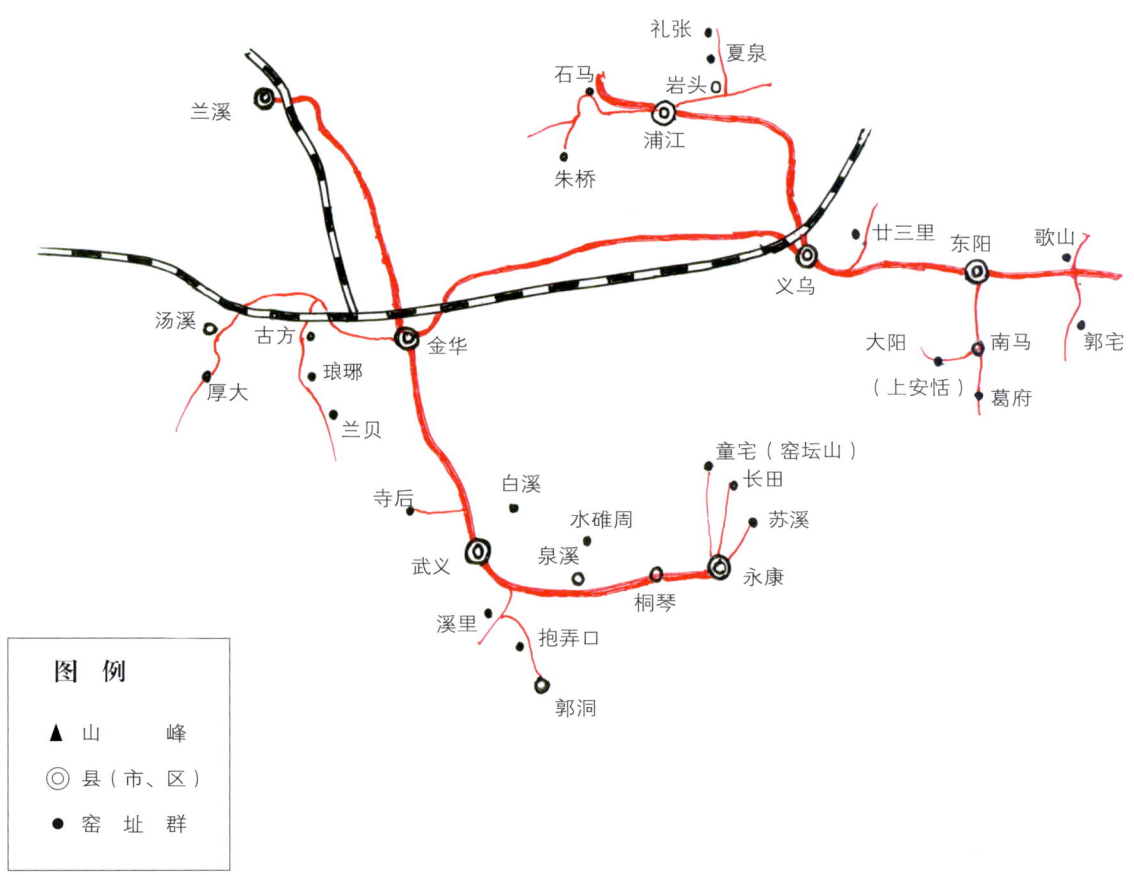

金华地区主要窑址分布示意图

4-001 武义泉溪镇水碓周窑五代大平底碗标本。左片标本白色垫点痕还在,环形底的足端早于右片标本

4-002 水碓周窑五代外撇底足,为越窑同一风格

4-003 水碓周窑北宋初期绿釉卧足盘。如没变形报废,可与秘色瓷媲美

4-004 水碓周窑北宋早中期高足杯壶四区莲纹碗标本一组

4-005 水碓周窑北宋青黄釉敞口碗标本。口径 12.8 厘米，高 5.5 厘米

4-006 水碓周窑北宋晚期外有折扇骨纹、内刻旋菊缠枝花卉加篦纹之坦碗标本

4-007 水碓周窑南宋初黑釉碗标本。口径 12 厘米，高 5.8 厘米

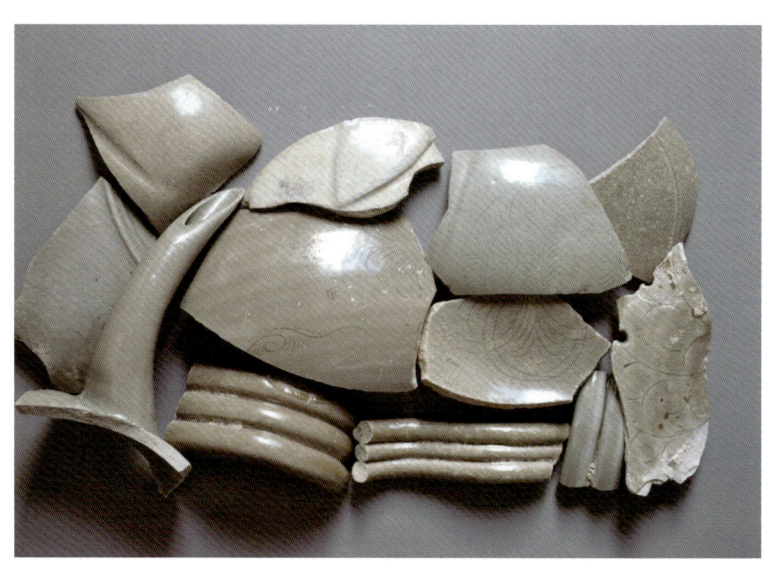

4-008 水碓周窑五代—北宋精碎瓷标本一组

4-009 抱弄口窑南宋初平底刻棱、瓣口茶末釉碗标本。口径 11.8 厘米,高 4.5 厘米

4-010 抱弄口窑南宋早期黑釉、花釉茶盏标本,与水碓周窑大同小异

4-011 抱弄口窑北宋晚期敞口深腹碗。口径 13.7 厘米,高 7.3 厘米

4-012 抱弄口窑北宋晚期青绿釉碗标本

4-013 抱弄口窑北宋晚期盘标本。口径 11.5 厘米,高 3.5 厘米

被日本盛誉为"茶汤之祖"的高僧，名为"珠光"，喜好中国茶文化，他所用的茶碗、盏，被学界名为"珠光青瓷"。其实从一些资料来看，笔者认为"珠光青瓷"与这位15世纪明晚期的日本高僧并无多大关系。

被早先日本学者命作"天目瓷"的黑釉茶碗、盏，也是宋元时期日本僧人从中国求法回国时带至日本的一种茶具。盛行珠光青瓷的出口年代大致在南宋至元。珠光青瓷的主要特点为碗的内底有一圆饼状的圈，有些圈内有刻、印之纹，多见旋轮式菊纹；圈外另有箆划、箆点组成的"之"形纹或缠枝蔓草（繁盛而绵长）纹；外壁除素面外，多用折扇骨之类的直条纹，或组合直条纹；釉色大都以青灰、青绿为主。日本饮茶家推崇的枇杷黄色，其实是一种生烧的次品，真正的蜜蜡黄为龙泉窑烧制，十分稀少。

被称作珠光的这类青瓷，最早出现在越窑，北宋中期龙泉的大窑、金村等窑应用已相当普遍，质量上乘。其次是温州的泰顺、文成、永嘉，都有生产。金华地区生产这类青瓷的窑址众多，宁波的古码头遗址也有不少出土。

福建省南平市的松溪回场，厦门市同安区的汀溪镇，泉州市南安市的南坑村，厦门市杏林区的东瑶，漳州市漳浦村的东山、竹树山，福州市连江县的浦口、西山顶及武夷山的遇林亭等窑址，曾向浙江学习，生产此类出口瓷，在青瓷史上书写了辉煌的一页。

4-014 抱弄口窑北宋晚期刻折扇骨形组合直条纹浅腹敞口碗标本。口径 11.8 厘米,高 4.6 厘米

4-015 龙泉窑产珠光青瓷,左下为北宋中期龙泉窑秘色釉瓷标本,左上为北宋晚期蜜蜡黄釉标本

4-016 台州黄岩沙埠窑北宋晚期珠光青瓷

4-017 抱弄口窑北宋晚期珠光青瓷,为出口瓷

4-018 金华琅琊兰贝窑北宋末珠光青瓷碗，背面组合直条纹

4-019 永康童宅村窑坛山窑北宋晚期珠光青瓷

4-020 东阳南马雅湖头窑北宋晚期珠光青瓷

4-021 武义溪里窑北宋晚期珠光青瓷。该窑底多有墨书款,可能为皿主之记号,标本右为"枇杷黄",实为生烧之器

4-022 福建同安窑南宋珠光青瓷。左标本为蒲田庄边窑珠光青瓷

4-023 福建南安南坑窑北宋晚期珠光青瓷

4-024 金华地区窑址产北宋珠光青瓷标本。宁波城区和义路古码头遗址出土

4-025 东阳南马雅湖头窑北宋晚期写意篦划纹盘标本。十字径,12厘米×11厘米

4-026 雅湖头窑南宋早期黑釉盏标本。口径11厘米,高4.4厘米

4-027 雅湖头窑南宋早期黑釉绒毛纹碗标本。口径11.8厘米,高6厘米

4-028 雅湖头窑初烧于北宋中晚期。烧制品种大致与金华同时代的其他窑口相同。这件青白釉瓷碗标本为其他窑址少见,尤其"河滨遗范"图章款,多见于龙泉窑南宋早期青釉瓷,此标本款略早于龙泉窑的同类款,约为北宋末南宋初,是难得之标本。

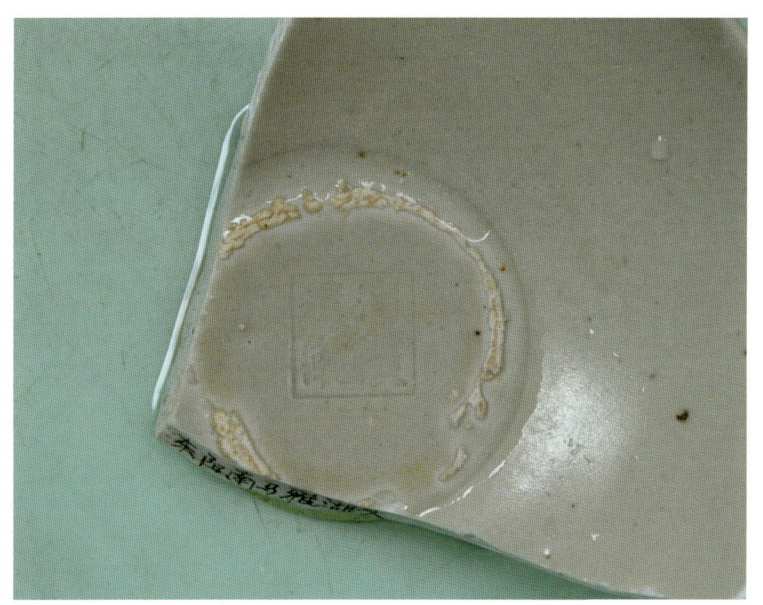

4-029 雅湖头窑南宋早期黑釉碟标本。口径10.5厘米,高3.5厘米

4-030 东阳葛府窑五代至北宋初外撇足浅腹碗、压棱瓣口盘标本

4-031 葛府窑北宋早期外撇足缠枝莲纹盘标本

4-032 葛府窑北宋标本一组

4-033 葛府窑北宋早期卧足底凤凰牡丹纹大盘标本。十字径,17.5 厘米×11 厘米。该标本虽不如宁波上林湖类越窑出土品种,但属金华地区越窑系类之代表,标本可见该窑有动物纹饰

4-034 葛府窑北宋中晚期执壶类标本一组

4-035 葛府窑北宋中晚期外撇口碗标本。高6.5 厘米

4-036 金华琅琊沿兰贝去沙畈公路约两千米一处无名窑址出土之标本

4-037 窑坛山北宋早期标本一组

4-038 永康童宅村窑坛山窑北宋早期外撇足瓣形杯标本二品。右杯高 5.5 厘米

4-039 窑坛山北宋压棱外翻花口碗标本

4-040 窑坛山北宋晚期刻加篦划缠枝花卉纹盘标本

4-041 窑坛山窑北宋晚期外光素(左)、内光素(右)标本二品

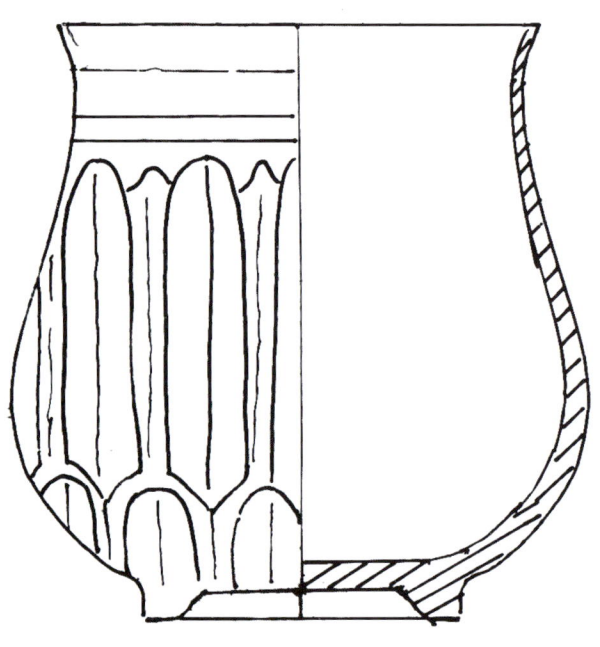

4-042 北宋莲瓣纹侈口罐残件复原器型。腹径约16厘米,高约17厘米。永康童宅乡赵店村窑坛山窑出土

4-043 窑坛山北宋晚期黑褐釉碗口腹部残片。该窑黑釉类残片甚少

铁店窑地处金华市琅琊镇铁店村，共有窑址9座。其中烧乳浊釉为主的3处窑址，在村西南约200米，从南到北连在一起。东侧有一池塘，可能为古时取土而成。

2001年，铁店窑已被国务院公布为全国重点文物保护单位，但未经发掘的铁店窑的面貌仍不十分清楚。因慕名前来光顾的人不少，现今在窑址表面可见的多是些特粗重的碗类残片，为保护遗址，严控胡乱挖掘。

铁店窑本是婺州窑众多窑址中烧制特殊品种釉的窑，陶瓷界有不少人努力把它分离出来成为单独一个窑系，就像宁波慈溪古银锭湖的寺龙口、低岭头、开刀山窑南宋初烧制乳浊釉器皿一样，笔者认为大可不必。

4-044 金华琅琊镇铁店村窑元代乳浊釉瓷鼓钉洗标本

4-045 铁店窑元代乳浊釉瓷器盖标本。十字径，13厘米×9.5厘米

4-046 铁店窑元乳浊釉瓷标本三品

4-047 铁店村元青灰青黄釉瓷碗标本二品

4-048 铁店窑元黑釉瓷罐标本

4-049 婺州窑唐花釉大彩斑瓷、彩斑竖系罐标本。为婺州窑少见,宁波城区和义路古码头出土

4-050 铁店窑元乳浊釉瓷罐标本。宁波城区和义路古码头出土

4-051 铁店窑元罕见天蓝乳浊釉瓷盂标本。宁波老城区出土

4-052 铁店窑元乳浊釉带流罐标本。宁波老城区出土

4-053 铁店窑标本。元时,凡食用之器内外均施相同之乳浊釉

4-054 铁店窑非乳浊釉窑址现场

4-055 铁店窑乳浊釉窑址现场

衢州地区
QUZHOU DIQU

　　位于浙江西部钱塘江上游、素有"四省通衢"之称的衢州，早在秦汉时已置县。唐武德四年（621）设衢州，此后一直是历代州、郡、路府行政机构所在地；1985年衢州升为省辖市，管辖柯城区、衢江区、龙游县、开化县、常山县和江山县级市。

　　衢州辖区窑址为婺州窑系重要的组成部分，其内涵基本与现今的金华地区相当。龙游的横路祝白洋垄窑群为金华、衢州辖区汉代窑址的代表。衢州的上叶村与龙游的方坦村窑群是唐早期烧花釉、乳浊釉瓷的窑址，为我国烧钧窑釉类窑址的鼻祖；常山龙绕窑群的李家岗窑址，也有烧金华铁店窑类的乳浊釉瓷，未知该窑遗址是否还存在，可惜标本已失，无法展示其面貌。全旺镇尚仑岗村的彩绘瓷也是很有特色的。

　　江山是衢州地区窑址遗存最密集的一个区域，烧制时间长、品种丰富，尤其青白釉瓷为金华、衢州地区之代表。

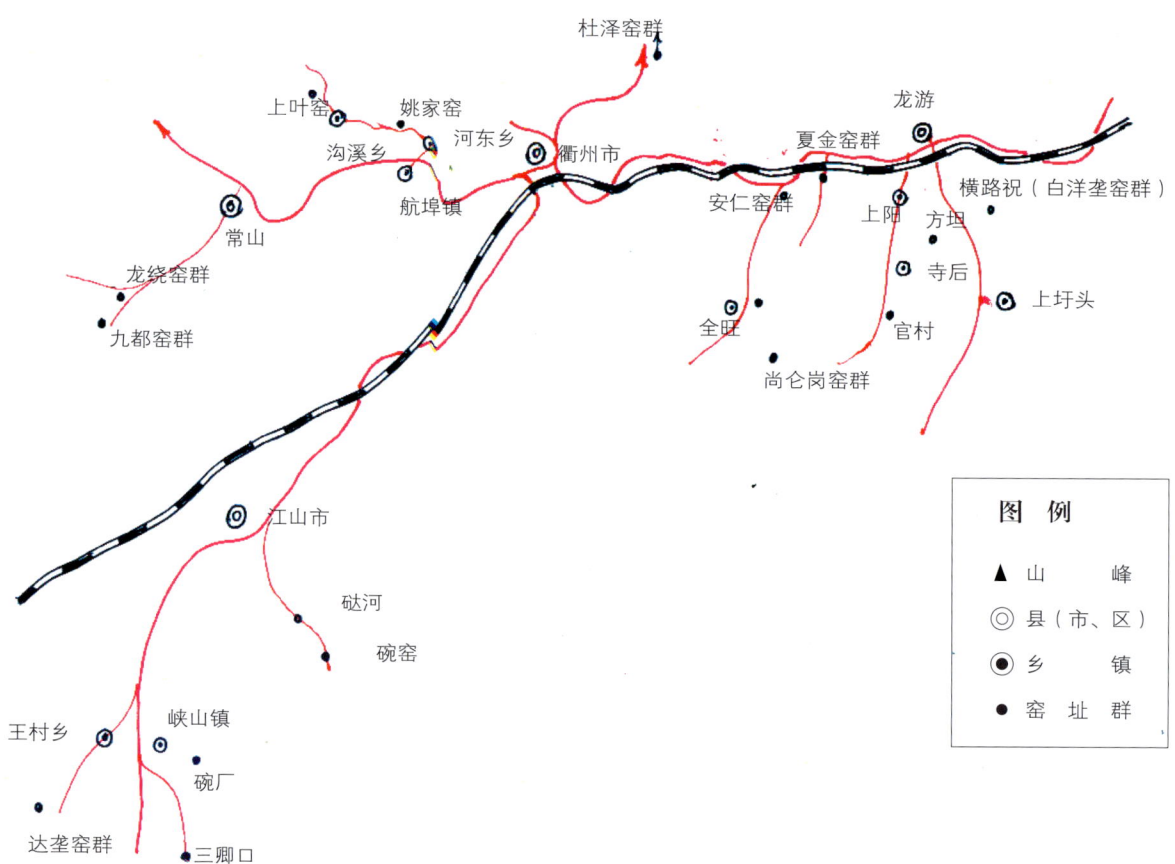

衢州地区主要窑址分布示意图

5-001 江山碗窑北宋压棱花口瓣形青白釉碟标本。江山碗窑窑址群出土

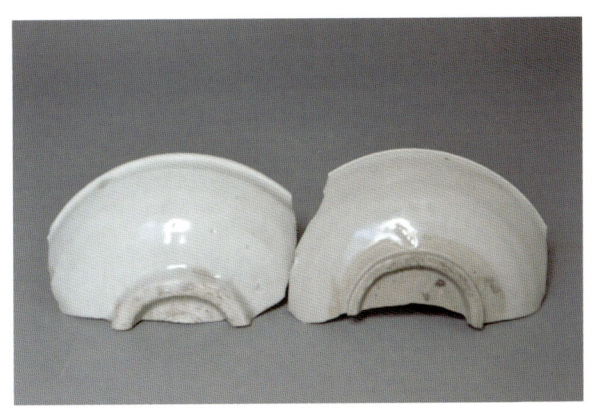
5-002 碗窑北宋直口圆弧腹凸唇青白釉碗标本

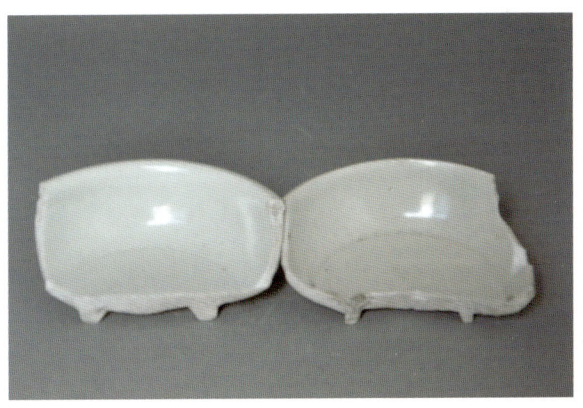

5-003 碗窑北宋青白釉瓷碗标本二品。宁波老城区出土

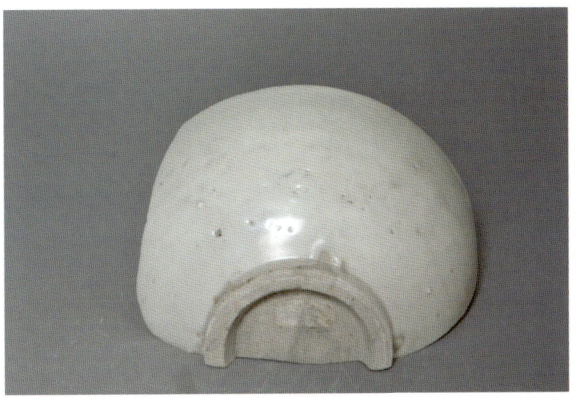
5-004 南宋至元初青白釉瓷标本。宁波"海上丝绸之路"古码头有不少碗窑标本出土

5-005 碗窑群出土的南宋早期—晚末期青白釉瓷覆烧碗标本

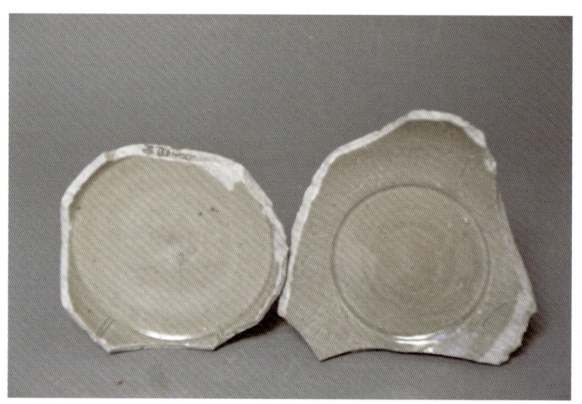

5-006 碗窑村前坞窑北宋晚期青黄釉标本。内刻直条五瓣纹杯（左）、外刻扇骨纹内篦划纹碗（右）

5-007 碗窑村前坞窑南宋青釉瓷标本　　　　　5-008 宁波老城区出土的青白釉瓷标本

5-009 前坞窑南宋早期覆烧青白釉标本二品,圈足细而浅

5-010 前坞窑南宋晚期—元早期刻写意花卉纹青白釉瓷标本。阔圈足已具景德镇窑元枢府瓷足特征

5-011 前坞窑南宋印菊瓣纹盖盒(非原配)。口径53厘米,高2.5厘米

5-012 前坞窑北宋晚期至南宋初期刻花瓣纹外撇口杯标本

5-013 前坞窑南宋印多子牡丹纹青白釉瓷小罐标本。牡丹意为茂,圆点意为多子多孙

5-014 宁波出土的前坞窑类南宋青白釉瓷瓶罐类标本

5-015 宁波出土的前坞窑类南宋青白釉瓷盒盖类标本

5-016 前坞窑南宋黑釉盏标本

5-017 前坞窑南宋黑酱褐釉盏标本。内口沿露白一圈,俗称"白覆轮",实为仿镶银边

5-018 江山碗窑清晚期青花瓷碗标本

5-019 江山三卿口乡窑岭村窑宋元青白釉瓷标本一组。有管环状钮为器盖残片

5-020 江山前坞窑(左)、江山窑岭村窑(右)元青白釉瓷底刮釉涩圈叠烧盘标本

5-021 窑岭窑宋元黑褐釉瓷标本三品

5-022 窑岭窑元龙泉窑类青瓷标本之釉色。该窑唇口碗残片多

笔者经查阅专业资料，江山三卿口乡窑岭村窑的青花瓷窑，时间皆定为明，不甚详尽。经实地考察，它早期产品的青花纹多见景德镇窑洪武、永乐时期的云气纹及缠枝莲纹，只是窑岭窑较景德镇窑更写意。

它的时间下限应该在明末崇祯时期，因采集的标本有一枚腹部书有"状元及第"的青花残款，该款多流行于明末崇祯时期。

5-023 窑岭窑明早期写意云气纹、缠枝莲纹青花瓷碗标本

5-024 窑岭窑明晚期草叶纹"状元及第"残款青花碗标本

5-025 窑岭村青花瓷窑有龙泉窑釉类、哥釉类开片青花碗标本

5-026 龙游方坦窑唐早期乳浊釉瓷碗标本。碗盘类大都为该窑民用品,制作粗劣

5-027 方坦窑最常见的所谓胎釉就是此种面貌

5-028 内外都施此种乳浊釉的标本在方坦窑址已很难寻觅

5-029 此唐天蓝釉饰缀条纹乳白釉罐标本为衢州地区下叶方坦窑群之顶级标本,也为金衢地区唐花釉乳浊釉之顶级代表

5-030 金衢地区唐宋乳浊釉瓷标本。宁波城区和义路古码头出土

5-031 衢州全旺镇尚仑岗窑南宋平民用的粗碗标本

5-032 尚仑岗窑绘褐彩条残片

5-033 尚仑岗窑是一处专烧平民百姓日用器的窑厂，也少量烧这种乳白釉瓷的器皿

5-034 龙游上圩头官村窑元青黄釉折沿盘标本。十字径，10厘米×10厘米

5-035 官村窑元浅盘二品。右盘，百姓常作油灯盏用

5-036 官村窑元青釉瓷釉面貌之标本

5-037 官村窑元碗残片，中心印纹中有反书"上"字款

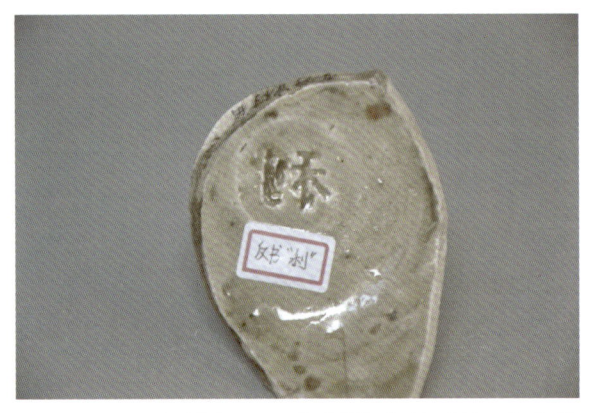

5-038 官村窑元反书"利"字款残片，背有类似图5-036中直条纹

5-039 官村窑元"福"字款碗残片，背有直条纹

5-040 官村窑"禄"字款残片

5-041 官村窑元"禧"字款残片

5-042 官村窑元"吉"字款残片

5-043 官村窑元"房"字款残片

5-044 官村窑元"记"字款残片

5-045 官村窑元"贵"字款残片

5-046 官村窑疑为元窑主自制九叠文款残片

5-047 官村窑元"邓同记"标本,类商号款器,背有直条纹

5-048 龙泉窑系元"斋"字款标本。宁波老城区出土

5-049 龙泉窑系元"澄"字款标本。宁波老城区出土

5-050 龙泉窑系元"清"字款标本。宁波老城区出土

5-051 龙泉窑系元"积"字款标本。宁波老城区出土

杭州地区
HANGZHOU DIQU

　　杭州是浙江政治、经济、文化中心，也是首批历史文化名城之一，为我国七大古都之一。

　　1930年发现、1956年首次考古发掘的杭州乌龟山郊坛下窑遗址，1996年发现、当年始考古发掘的万松岭凤凰山老虎洞的修内司窑遗址，都是我国瓷器发展史上高级别的官窑。

　　今杭州地区的萧山，是古越文化的重要组成部分，也是中国瓷器的发源地之一。至今已发现的以进化地区为代表的春秋战国时期原始瓷及印纹硬陶窑址20余处，其中也有汉、晋至南朝的早期越窑遗址。

　　除原始陶瓷及早期青瓷外，杭州地区的临安有烧制黑釉及青白釉瓷的窑址10多处，它们大都分布在临安老城西的原绍鲁、凌口、西天目三乡境内，以绍鲁田干村窑群最具代表性。

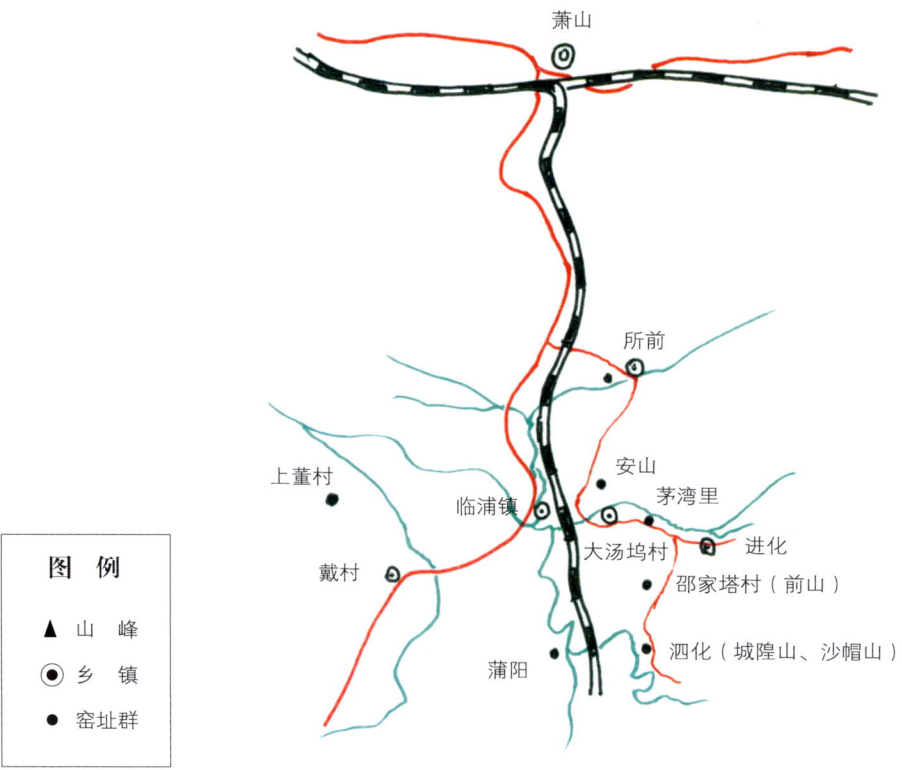

萧山地区窑址示意图

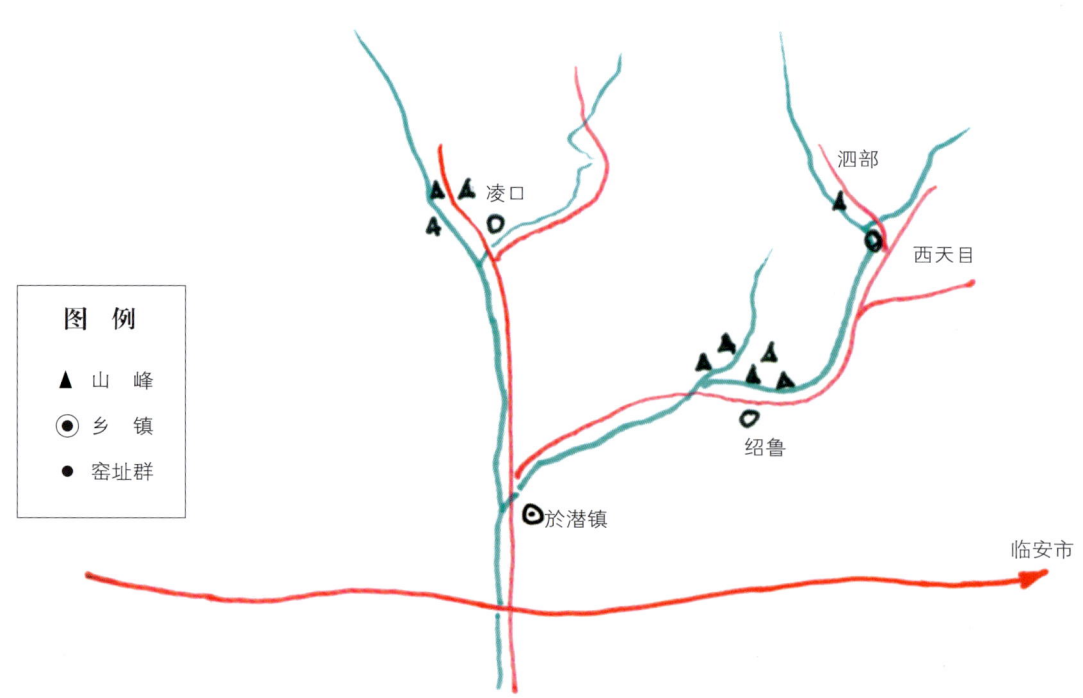

临安地区窑址示意图

6-001 南宋官窑粉青釉花瓣形盘标本。十字径,10厘米×6.5厘米,该残片香灰胎为铁足,足端接用黑色紫金土,内外布满"金丝"状开片。杭州出土

6-002 南宋修内司官窑粉青釉薄胎厚釉盘标本。十字径,13.5厘米×10.5厘米,全器黑胎露紫口铁足,满布冰裂纹开片。宁波市中心天一广场东侧地块出土

6-003 南宋官窑印龙纹紫金土三钉支烧具。径4厘米。修内司窑址出土

6-004 南宋修内司窑址出土的支烧具一组

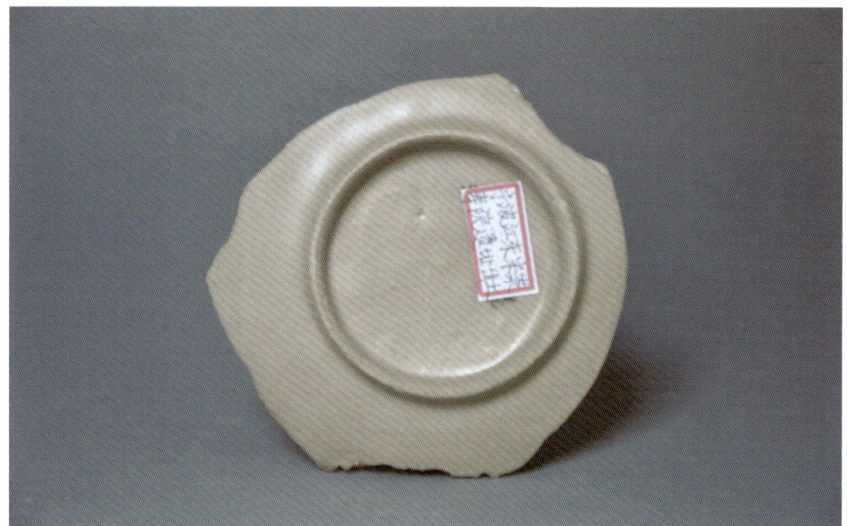

6-005 郊坛下官窑炒米黄釉盘标本。8.5厘米×8厘米,釉层较薄,足端刮釉垫烧,乳浊釉滋润具蜜蜡感,内外布满细开片。宁波江东南路东侧宋崇寿院遗址出土

6-006 南宋修内司官窑考古后遗弃标本一组

6-007 南宋修内司官窑黑胎外施半釉的民用类粗碗

窑工也是民，平日里使用的不可能是官器，更不可能让那些不好的窑位空着。其实郊坛下官窑的早期考古资料中已有这类信息：窑中存在施一次釉的低粗类或叠烧的器品。官窑也好，民窑也好，研究和介绍元以前民用粗器的文章极少，难怪许多人看得懂官用器而看不懂民用器，修内司、郊坛下南宋两官窑的半釉器、叠烧碗相关资料也就很少见到。

6-008 南宋修内司官窑青灰釉残鸟食罐

6-009 凤凰山老虎洞南宋修内司官窑考古后觅集的碎片

6-010 杭州萧山进化大汤坞村茅湾里窑址春秋网格米筛组合纹紫红胎硬陶罍口颈部标本。十字径,15厘米×10厘米

6-011 茅湾里窑春秋战国内旋弦淡青釉原始瓷深腹碗标本

6-012 茅湾里窑春秋网格米筛组合纹红陶标本

6-013 茅湾里窑春秋战国外宽弦纹内细弦纹青釉原始瓷钵标本

6-014 茅湾里窑春秋战国内水波纹青釉原始瓷标本

6-015 茅湾里窑战国印斜十字方格纹硬陶罐标本。十字径,13厘米×7厘米

6-016 茅湾里窑战国印菱格米字纹硬陶坛标本。十字径,14厘米×14厘米

6-017 茅湾里窑战国印斜方格米字纹硬陶坛标本

6-018 茅湾里窑印纹硬陶标本一组

6-019 茅湾里窑战国印细米字纹硬陶罐标本

6-020 战国青釉原始瓷残碗。平底线割痕明显,内布旋弦纹,外口沿下饰规整的四圈组合弦纹。宁波老城区出土

6-021 20世纪90年代初在萧山印纹陶窑址群的进化地区出土的印细米字纹战国硬陶坛。口径15.5厘米,高31厘米

杭州地区

6-022 进化地区出土的印加斜十字回纹战国硬陶罐。口径 11.5 厘米,高 13.4 厘米

6-023 进化地区出土的直条纹战国带盖原始青瓷钵。疑为本地烧造的陪葬品

6-024 萧山戴村镇上董窑址出土的南朝早期点褐彩残杯。高 4.8 厘米

6-025 上董窑东晋晚末点褐彩残盏。口径 8 厘米,高 3.1 厘米

6-026 上董窑南朝早期点褐彩青釉瓷盘标本。十字径,11.5 厘米 ×7.5 厘米

6-027 临安於潜镇田干村碗窑南宋菊瓣状直条纹青白釉瓷罐标本

6-028 碗窑南宋八卦纹青白釉瓷盘口或盖罐口颈部残片

6-029 碗窑南宋末期印菊纹青白釉瓷瓶颈部残片

6-030 碗窑南宋印瓣纹青白釉瓷残盖。径8.5厘米

6-031 碗窑南宋末青白釉瓷三足炉残片

6-032 碗窑元青白釉瓷兽足炉标本

6-033 碗窑元青白釉瓷碗标本

6-034 田干村碗窑元早期青白釉瓷与黑釉瓷叠烧碗

6-035 碗窑出土的元青白釉瓷满布冰裂纹开片的碗标本

6-036 碗窑如开裂玻璃般厚釉叠烧碗标本

6-037 碗窑元细开片青白釉瓷盖标本

6-038 碗窑元早期细开片印四字款（尚留"江"字）碗标本

6-039 碗窑南宋晚末至元早期标本一组

6-040 碗窑元青白釉瓷内底刮釉叠烧碗标本

湖州地区
HUGZHOU DIQU

湖州素有"丝绸之府""鱼米之乡""文化之邦"的美誉,是有2000多年历史的江南古城,曾置菰城、乌程县和吴兴郡。隋仁寿二年(602)以太湖之滨而名湖州,置州治。1983年10月撤地建市。

举世瞩目的瓷器源于中国的浙江,位于东苕溪中下游的湖州(德清)地区,自20世纪80年代以来已发现商、西周、春秋、战国时期的古窑址近40处,湖州地区为中国瓷器的起源地是当之无愧的。

在起源的基础上必定有一个发展的历程,这个"发"字从汉到唐历经了一个漫长而卓越的升华,绍兴的上虞称为青瓷的发源地是贴切的。中国的瓷器注定要流向海洋,向世界辐射,代表中国瓷器起源的越窑,在唐、五代、北宋鼎盛期的明州,就成为其发祥地。

德清不仅是我国青瓷的起源地,也是我国早期黑釉瓷顶级的代表地。

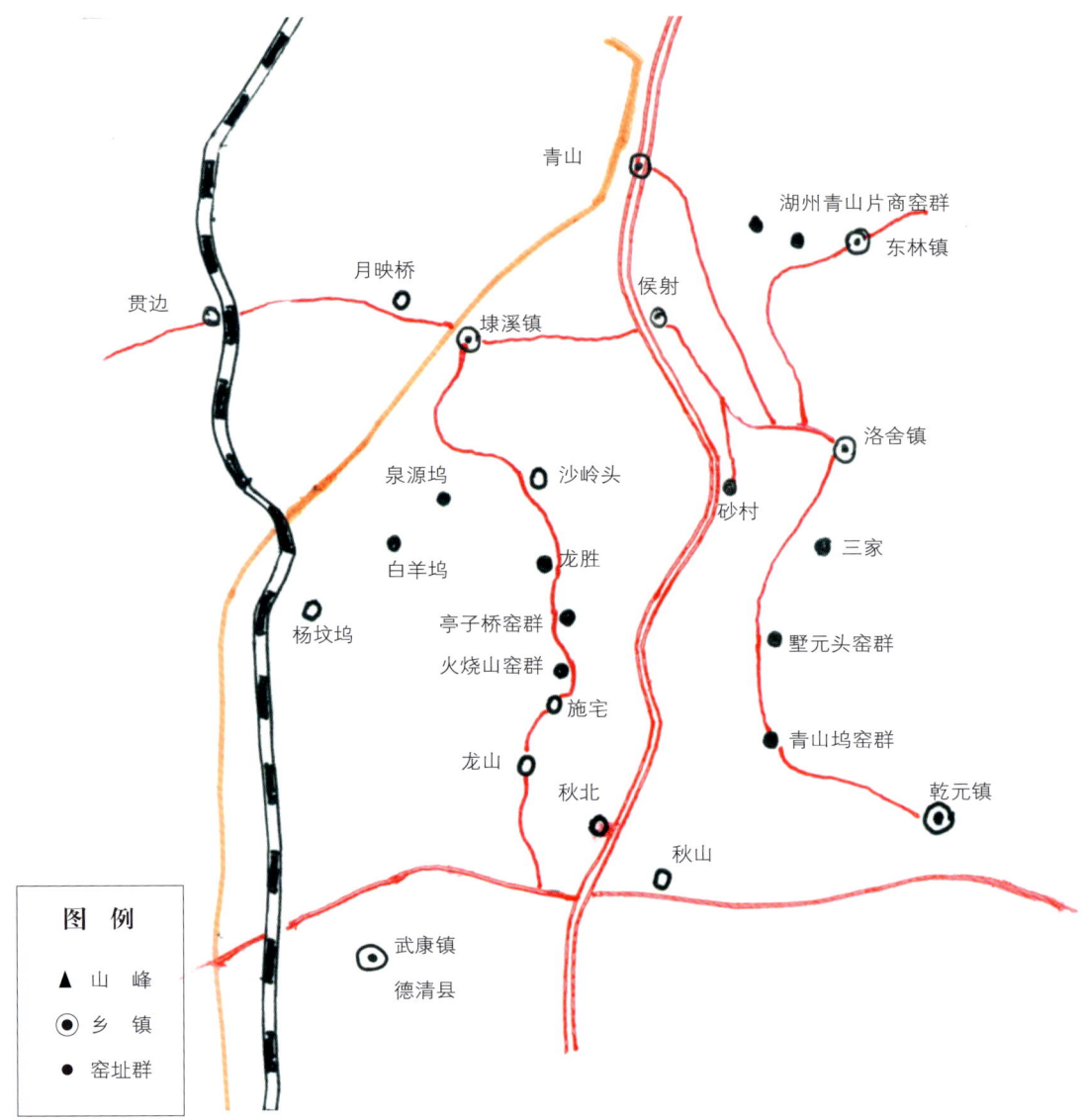

湖州市德清县主要窑址示意图

湖州·德清原始瓷窑址概况

商	黄梅山、南山（湖州青山片）
西周	岳家坝（湖州青山片）、火烧山（德清）
春秋	苦竹坞、岔路岭、防风山、泉源坞、白漾坞 响堂坞、缩头坞、河图里、烟霞坞、火烧山
战国	亭子桥、冯家山、鸡笼山、窑坞里、南山（德清） 弯头山、下南山、水车坞、宋家岭、姚家山 塔地山、金塘口、百家山、南塘坞、兼济桥 安全山、棚圩上、磨子坡、跳板山、毛田里 下漾山、竹鸡笼山、东坡岭、南坞里等

7-001 春秋战国火烧山窑区拍印云雷纹原始青瓷罐口颈部标本

7-002 春秋火烧山窑址锥刺纹原始青瓷釜肩部标本

7-003 战国亭子桥窑址旋弦纹原始青瓷碗标本

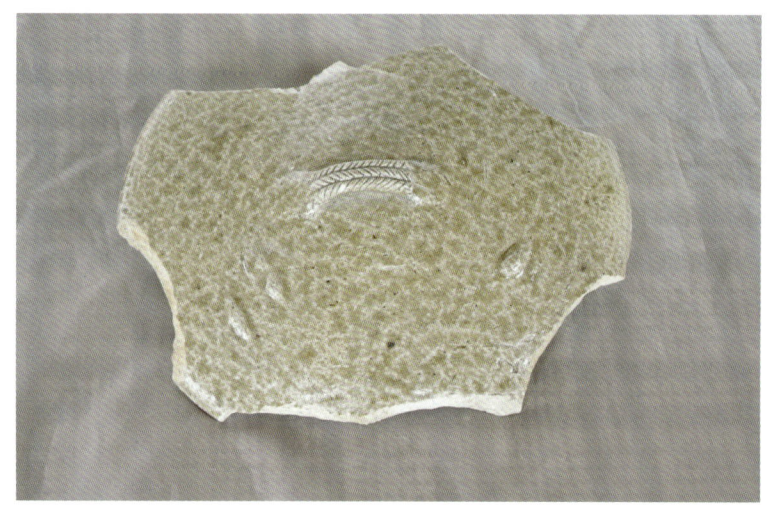

7-004 战国亭子桥窑址塑贴绳索纹提钮原始青瓷盖标本

7-005 战国亭子桥窑址铲刻直条（瓦楞）纹原始青瓷罍残片

7-006 东汉青山坞窑拍印叶脉纹（与上虞小仙坛、大园坪相同）青瓷罍标本

7-007 东汉青山坞窑拍印蝶形纹（与宁波东汉窑址 2-002 相同）硬陶标本

7-008 东汉青山坞窑拍印三角直条组合纹硬陶标本

7-009 东汉青山坞窑叶脉纹系、弦纹红陶罐标本

7-010 东汉青山坞窑叶脉系箆划水波纹青瓷罐标本

7-011 东汉青山坞窑叶脉纹系肩部刻描纤细朱鸟纹带黑褐釉壶标本

7-012 东汉晚期青山坞窑黑褐釉印含文钱纹罐标本

7-013 东汉晚期青山坞窑褐釉叶脉系罐标本二枚

7-014 三国吴至西晋初德清窑群出土印米字变形钱纹青瓷罐标本

7-015 西晋德清出土的衔环铺兽印戳网格花蕊纹残钵

7-016 西晋德清出土的衔环铺兽印戳网格双层花蕊纹青瓷罐标本

7-017 东晋—南朝德清丁山窑（已毁）顶级黑釉瓷标本

7-018 丁山窑顶级黑釉瓷标本。宁波莲桥街出土

7-019 东晋—南朝丁山窑类黑釉瓷残灯柱，特别精致的灯柱内也荡过釉。宁波老城区出土

7-020 丁山窑类黑釉瓷残灯。德清出土

7-021 东晋至南朝紫红胎黑釉三足炉标本。宁波出土

7-022 南朝黑釉饼足底碗标本。德清出土

7-023 德清窑东晋黑釉瓷尊、南朝硬陶盘口壶标本。宁波老城区出土

7-024 隋褐釉盘口壶。口径7厘米,底6厘米,高16厘米,为德清窑隋代精品瓷,宁波和义路唐宋码头遗址出土。右图左下为德清砂村前山窑出土的参鉴标本

7-025 南朝至隋德清窑青黄釉高盘口凸弦纹壶标本

7-026 德清窑初唐酱褐釉盘口壶标本。初唐盘口已显平坦

7-027 德清墅元头窑初唐青釉盘口壶标本

7-028 左：德清墅元头窑出土的隋—初唐黑釉钵标本。右：宁波和义路古码头出土的隋—初唐黑釉碗标本

7-029 德清窑初唐酱褐釉残盘

7-030 左：德清砂村前山窑隋—初唐黑釉钵标本。右：宁波老城区偃月街出土的黑釉器标本

7-031 墅元头窑出土的初唐青釉壶标本

7-032 砂村前山窑出土的初唐青釉壶标本

7-033 德清洛舍镇砂村前山窑初唐钵式碗。口径 18.2 厘米，高 5.8 厘米。该窑从初唐始渐以青黄或清灰釉多见（附该窑隋黑釉标本）

7-034 砂村前山窑唐早期青黄釉钵标本

7-035 墅元头窑唐早期青釉碗标本。口径14厘米,高4.5厘米

7-036 墅元头窑唐早期青釉盘标本。口径14.5厘米,高3.2厘米

7-037 墅元头窑唐中期内底中心"大吉"铭款青釉盘标本

7-038 墅元头窑唐早期褐彩直条纹青釉碗标本

7-039 墅元头窑址出土的唐晚期环形底青黄釉碗标本，为极少见之珍稀品

温州地区
WENZHOU DIQU

温州是浙南经济、文化、交通的中心，为中国首批对外开放的沿海港口城市之一。相传晋代建城时有白鹿衔花进城，故有"鹿城"之称，新中国成立后为省辖市，今辖四区五县三县级市。

温州因地处瓯江之滨，其域内瓷窑被称为"瓯窑"。瓯窑分属于东瓯窑、龙泉窑、青白瓷窑三个分系，历年（包括早年发现，今已毁失）发现的各代窑址遗存不下150处。主要分布在温州市郊的西山窑群及以罗溪、仁溪为中心的窑群；飞云江流域的文成、泰顺和瑞安；楠溪江上游的岩石、港头、鲤溪三地遗存区及永嘉西南的菇溪桥头镇、朱涂窑区。

浙南与福建交界的鳌江流域的彭溪镇玉塔窑群，为浙江较独特的窑址遗存区，共发现以青白釉瓷为主的窑址15处。苍南晚唐至宋的盛陶窑群有西山窑风格的遗址，又有玉塔类型青白釉瓷的遗存，值得一提的是泰顺珊溪库区以金坑桥为中心的散布于5里之地的窑址群，鲜为人知。

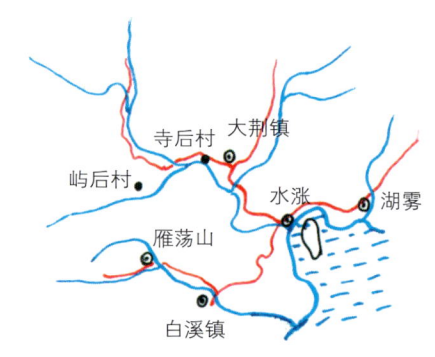

乐清宋褐彩青瓷窑址

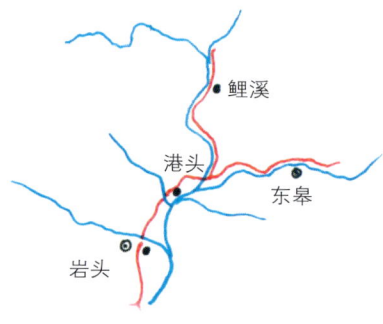

楠溪江上游窑群示意图

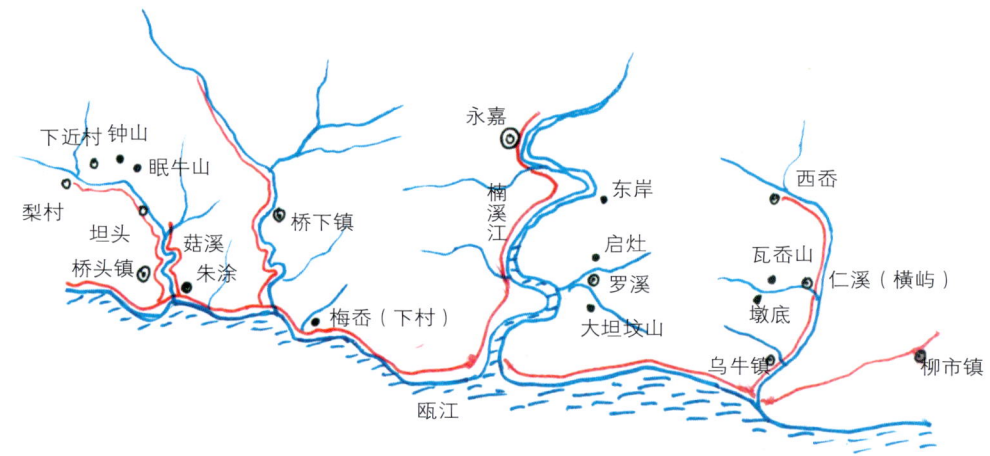

永嘉县菇溪、罗溪、仁溪窑群示意图

苍南县窑址示意图　　　　　泰顺县珊溪库区周边窑群示意图

温州地区主要窑址分布示意图

8-001 西山窑晚唐淡青釉瓷残执壶。内凹底径 7 厘米,腹径 12.3 厘米,残高 15.5 厘米

8-002 西山窑中唐—晚唐玉璧底、玉环底碗标本

8-003 西山窑五代淡青黄釉盘标本。满釉裹足工艺为同类器精品

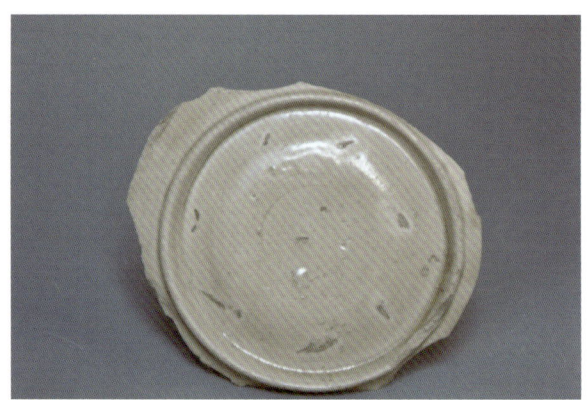

8-004 杨府山窑（早年建码头已毁）北宋蕉叶纹碗标本

8-005 北宋蕉叶纹碗标本。宁波城区和义路唐宋古码头出土

8-006 西山窑北宋淡青釉荷花荷叶纹碗标本

8-007 北宋西山窑花卉纹青黄釉敞口翻沿碗标本。宁波城区和义路古码头出土

8-008 北宋西山窑如意纹淡青釉敞口翻沿碗标本。宁波城区和义路出土

8-009 北宋青黄釉西山窑类花卉纹罐标本。宁波城区和义路古码头出土

8-010 五代淡青釉瓯窑残熏炉。炉口5.7厘米,喇叭足5.7厘米,高5厘米。宁波城区和义路古码头出土

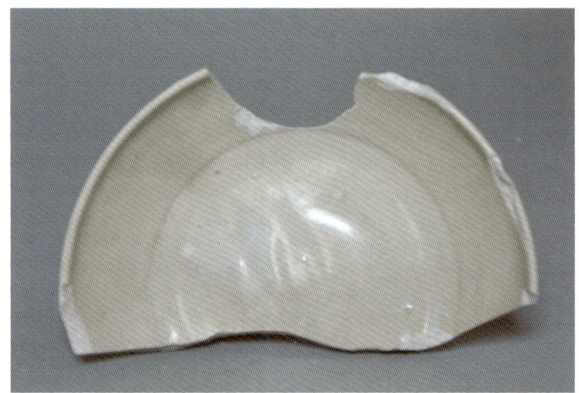 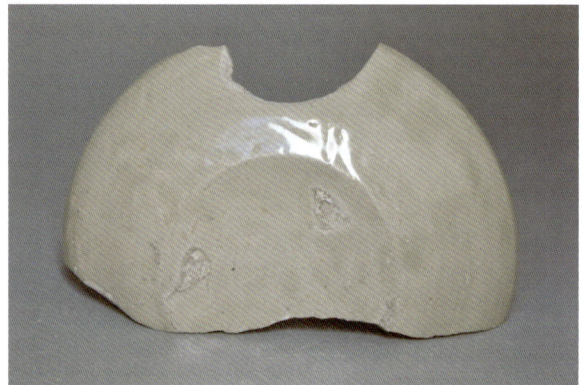

8-011 西山窑五代淡青釉内大平底盘标本。十字径,12.5厘米×6厘米

8-012 西山窑五代淡青釉残"树灯盏"。此盏也有人称为"瓯"。宁波境清禅寺遗址出土

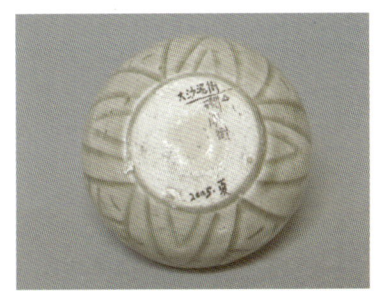

8-013 北宋淡青釉重瓣纹四蛙残水注。其中一蛙为出水口，惜蛙身均残。腹径7厘米，平底径3.5厘米，残高6厘米。此器工艺精湛，为瓯窑少见之精品。出土地在宁波城区大沙泥街，为宁波古地标天封塔地块

8-014 拆迁中的温州西山南北坡。图为北坡政和堂窑址地块，窑址早几年已毁。上图为该窑北宋平民用叠烧粗碗标本

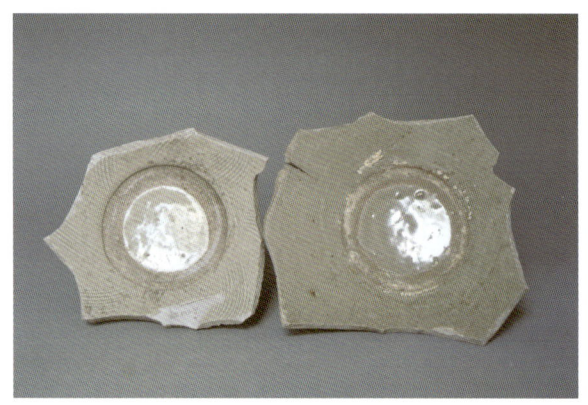

8-015 苍南大星垟窑南宋淡青釉标本。内涩圈外近足腹露胎,内外饰组合篦划条纹

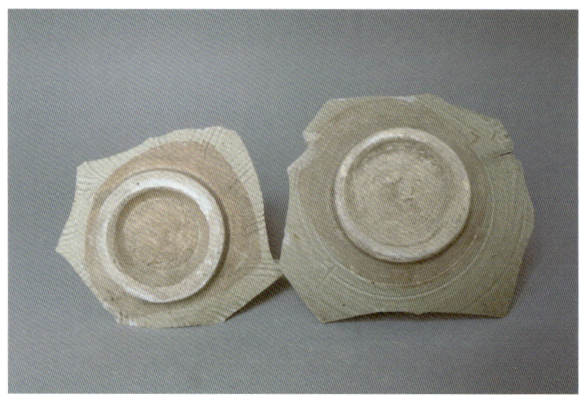

8-016 大星垟窑南宋双弦纹青灰釉、淡青釉标本

8-017 大星垟窑黑釉、黑褐釉瓷瓶、罐、碗标本一组

8-018 文成县珊溪镇坦岐村窑址元早期环形底泥点垫烧青黄釉折沿残盘。口径15.5厘米,高4厘米

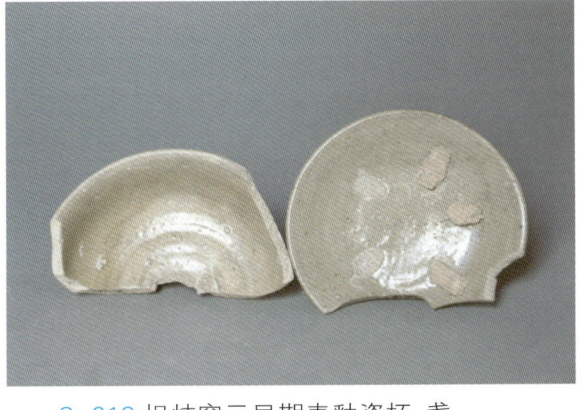

8-019 坦岐窑元早期青釉瓷杯、盏

8-020 坦岐窑元早期外酱褐半釉擂钵标本

8-021 坦岐窑南宋晚期黑釉莲瓣纹碗、酱黑釉盖标本

8-022 坦岐窑南宋晚期黑釉盂、洗、钵标本一组

8-023 乐清大荆潘岭山窑北宋彩绘瓷标本

8-024 飞云江上游文成林窑山窑址出土,南宋早期内壁刻瓣纹条灰青釉瓷碗标本

8-025 林窑山窑南宋早期内壁饰弦纹灰青釉残碗。口径 15 厘米,高 5.5 厘米

8-026 林窑山窑南宋初期内底凸圆心青白釉瓷残碗。口径 16 厘米,高 6.4 厘米。林窑山标本皆为表层采集,未作深层挖掘考查,故初烧年代不详

8-027 林窑山窑南宋早期青灰乳浊釉瓷残盏。口径11.2厘米。此类盏常用作油灯,以平底见多,乳浊釉少见

8-028 林窑山窑南宋早期莲瓣纹残大碗。口径19厘米,高7.5厘米

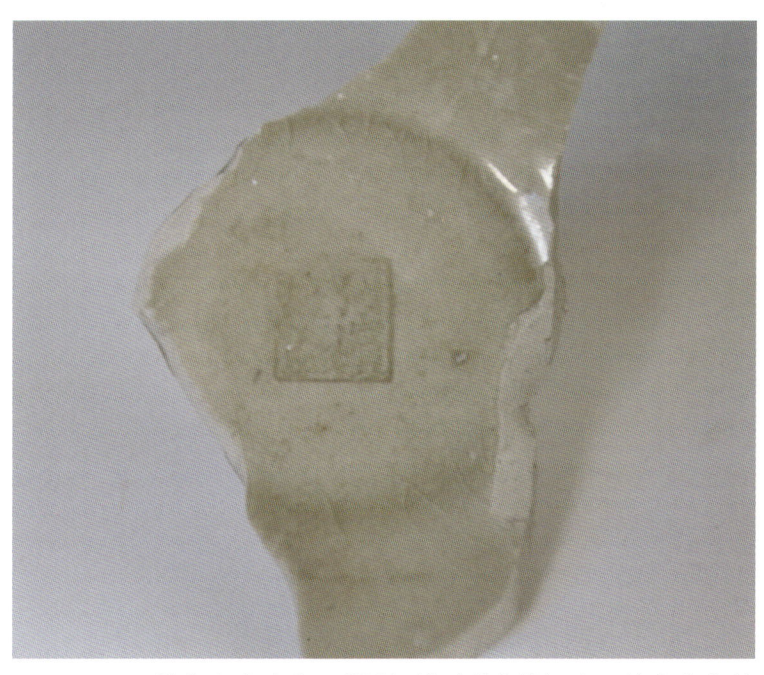

8-029 林窑山窑南宋早期"河滨遗范"款标本。林窑山窑的下段窑群,该款多见

8-030 林窑山窑元莲瓣纹青釉碗标本。宽圈足,垫泥点圆大,一改早期细长泥点

8-031 林窑山窑南宋早期弦纹盘。口径17厘米,高4.2厘米

8-032 林窑山窑元印双鱼纹宽圈足标本。此类鱼纹盘在飞云江上游库区两岸的文成泰顺窑群中多见

8-033 林窑山窑元铲削瓣纹带灰绿釉盘标本

8-034 林窑山窑黑釉盏标本

8-035 林窑山窑南宋四系黑釉罐标本。内外黑釉，残长17.5厘米

8-036 林窑山现场的残片标本

 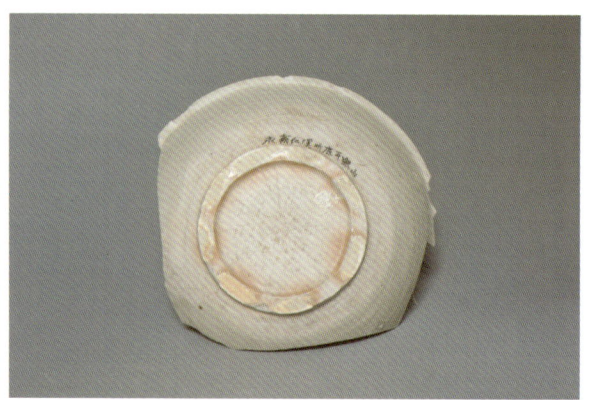

8-037 永嘉仁溪墩底瓦窑山窑唐末外撇口碗标本。该窑遗存面积大，釉色多淡青，有的近青白色，多见素面。口径约16厘米，高6.5厘米

8-038 瓦窑山窑唐末淡青釉小碗标本。口径12.7厘米，高4.2厘米

8-039 瓦窑山窑唐末内满布碎开片碗标本

8-040 瓦窑山窑五代淡青釉有弦纹平底盘、五代淡青黄釉无弦纹盘标本。口径 12.5 厘米。附窑具垫圈

8-041 瓦窑山窑唐末褐釉双系酒罐标本。俗称韩瓶

8-042 瓦窑山窑群南庙窑晚唐残灯盏

8-043 瓦窑山窑群南庙窑晚唐淡青釉平底敞口碗标本

8-044 南庙窑晚唐黑釉残碗。口径16厘米,高6厘米。瓦窑山窑群中此种黑釉器属罕见

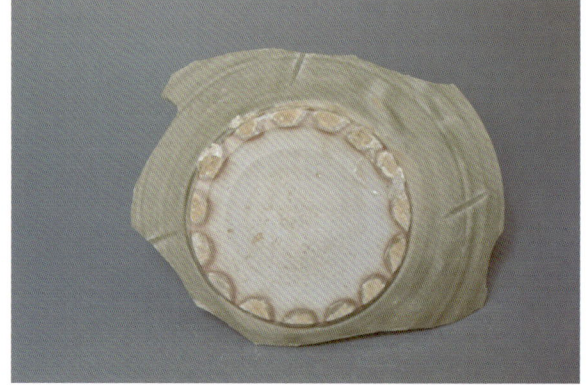

8-045 永嘉县罗溪坦头坟山(坦头村今改为龙头村)唐中晚期青绿釉大碗标本。背刻简笔分瓣直线条,凸平底垫烧泥点密布。十字径,19厘米×14厘米

8-046 坦头坟山窑唐中晚期青黄釉平底敞口碗标本

8-047 坦头坟山窑唐中晚期青绿釉玉璧底碗标本

8-048 坦头坟山窑唐晚期开片青釉灯盏标本

8-049 坦头坟山窑唐晚期淡青釉荷叶纹稍外撇圈足碗标本

8-050 坦头坟山窑晚唐青瓷标本一组。有几片淡青釉色显示了瓯窑"缥瓷"的神韵

8-051 永嘉县桥头镇坦头村眠牛山窑，元波纹沿口印折枝牡丹蜜蜡黄窑变釉残碗。口径15.5厘米，高6厘米

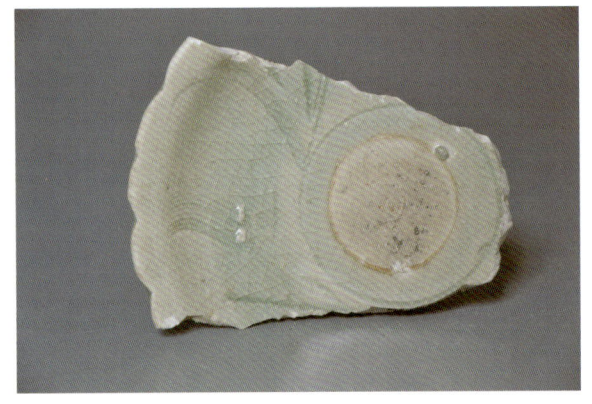

8-052 眠牛山窑元外翻水波纹沿口内涩底篦划纹青绿釉盘标本

8-053 眠牛山窑元青绿釉侈口浅腹碗标本。内外满布开片

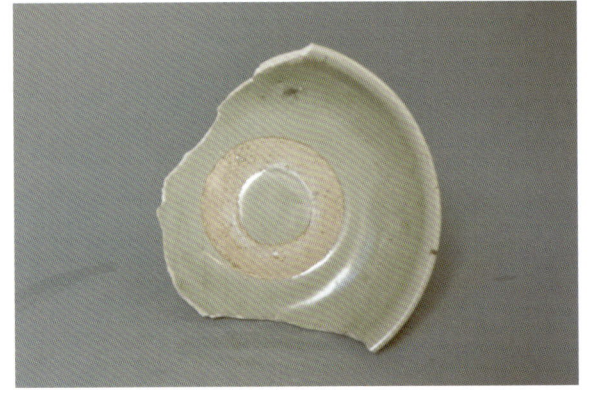
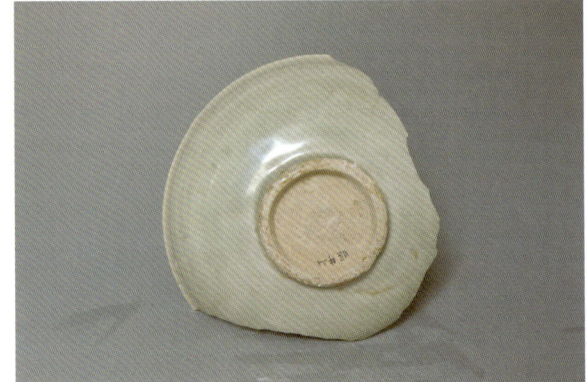

8-054 眠牛山窑元青绿釉内底涩圈叠烧碗标本

8-055 眠牛山窑元青绿釉敛口弧腹杯。口径12厘米,高6.4厘米

8-056 眠牛山窑元青绿窑变厚釉碗标本。此厚釉为烧制时流淌聚积所致

8-057 心形挂件为眠牛山窑匣钵内粘连的窑变瓷片加工而成,取名"瓷魂"。钧窑就是掌握了这种窑变的规律而名扬天下

8-058 眠牛山窑青绿釉刻茶花纹碗标本

8-059 眠牛山窑元印荷花纹青黄玻璃状开片釉碗标本。右有"仁"字款

8-060 眠牛山窑元刻荷花纹"寿"字款碗标本

8-061 眠牛山窑刻荷花纹"寿""仁"双铭款青釉盘标本

8-062 眠牛山窑元印荷花纹间有暗款"清"铭青绿釉百圾碎开片标本

8-063 眠牛山窑元碗残片。纹饰模糊,右上有"山"字铭

8-064 眠牛山窑元青黄釉印菊花纹开鱼子纹片盘标本

8-065 眠牛山窑元青绿釉涩圈底开纹片残盘。径16.5厘米

8-066 眠牛山窑元青黄窑变釉百及碎开片残盘。口径 15.8 厘米

8-067 眠牛山窑元青绿釉印牡丹纹盘标本　　　　8-068 眠牛山窑青灰釉印葵花纹盘标本

8-069 眠牛山窑元青绿釉折沿精制残小盘。口径 11.5 厘米,高 3.2 厘米

8-070 眠牛山窑元乳浊灰青釉折沿残小盘。口径 11.8 厘米, 高 3.3 厘米。此种乳浊釉在宁波慈溪的南宋早期官型类产品中常见, 眠牛山此种釉色是偶然而成的

8-071 宁波慈溪南宋早期官型类残盒体、残盒盖

8-072 永嘉县桥头镇下近村钟山窑元冰裂纹开片玻璃状青釉残盖

8-073 眠牛山窑元青绿釉圆口浅弧腹残盘标本。口径 12.7 厘米, 高 2.8 厘米

8-074 眠牛山窑元青绿釉精制梅花心微敛口弧腹残杯。口径8.3厘米,高4.1厘米

8-075 眠牛山窑元青绿釉涩圈烧残杯。口径9.8厘米,高4厘米

8-076 眠牛山窑元青绿釉唇口、内凹卧足底残杯

8-077 钟山窑元青灰釉印万年青残高足杯。高8.3厘米。高足杯是钟山窑主要产品,其他碗盘类的精细瓷少见

8-078 左:钟山窑出土的高足杯;右:宁波城区和义路古码头出土的高足杯

8-079 印菊花阳纹标本较少,眠牛山、钟山等窑址都属龙泉系永嘉类型,标本露胎处多见火石红

8-080 宁波海丝古码头出土的双鱼纹与卍符青黄玻璃状开片釉碗标本。疑为温州地区龙泉窑系产品

8-081 比较梵文卍原为古代的护符或宗教标志,早在新石器时代的彩陶上已出现,唐始读作"万",意为长久不断,此符在宋元龙泉窑瓷及明晚期青花瓷上流行较广。此南宋初标本为慈溪古银锭湖高岭头窑出土,较罕见

8-082 眠牛山窑元残片、碎瓷片标本一组

8-083 泰顺彭溪镇玉塔岭头窑。北宋外组合直条纹、内旋菊纹缠枝花卉辅点纹青绿釉碗标本

8-084 玉塔岭头窑。北宋背直条纹、内篦划花卉纹青釉碗标本

8-085 岭头窑北宋青绿釉篦划纹叠烧碗标本　　8-086 岭头窑北宋刻蒲剑纹青釉瓷残盖。菖蒲叶细长，似剑，古代窑地常见

8-087 岭头窑北宋晚期青黄釉篦划纹灰青釉素面碗标本

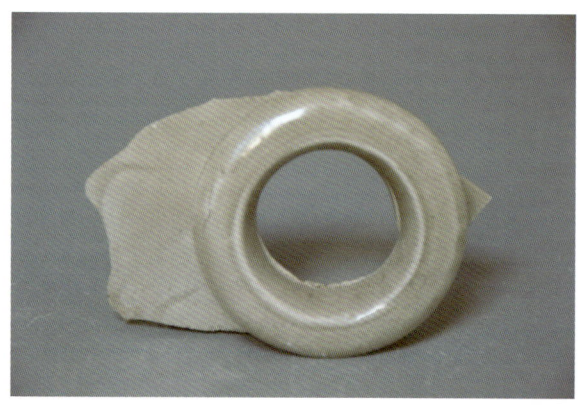 

8-088 岭头窑北宋淡青釉罐标本。口体粘接制作

8-089 玉塔四季青窑南宋仿镶银边口黑釉盏标本一组

8-090 玉塔四季青窑北宋晚末期青白釉瓷涩圈烧碗标本。内缀有胡须状细篦划纹,口径17.5厘米,高6.5厘米

8-091 四季青窑北宋晚末青白釉瓷篦划花卉纹盘标本。此盘裸烧时放在最上一层,落砂严重

8-092 四季青窑北宋晚末青白釉瓷涩圈叠烧侈口碗、盘标本

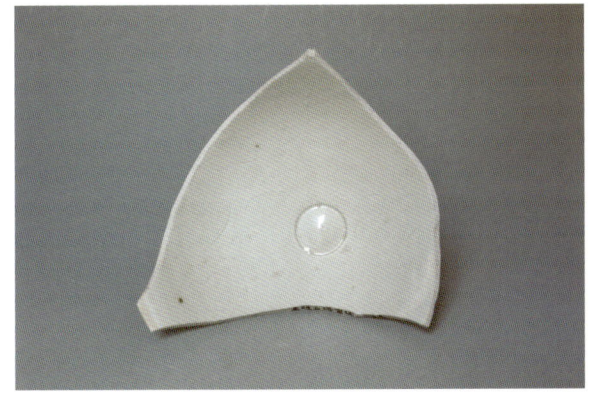 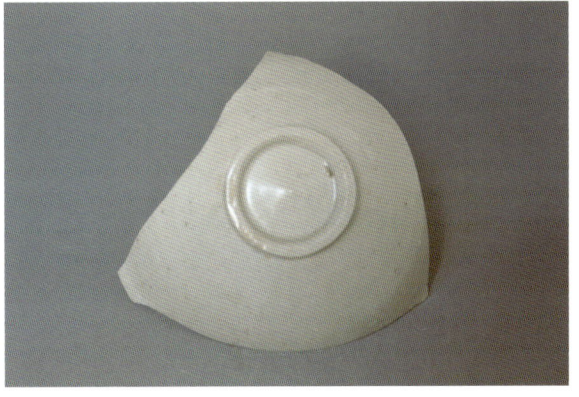

8-093 四季青窑南宋早期篦划纹覆烧青白釉瓷碗标本。泰顺以玉塔为代表的此类南宋型碗内底,都有块钱形类凸起的圆块

8-094 四季青窑南宋早期覆烧具内塌陷所致的青白釉瓷碗

8-095 玉塔四季青窑覆烧具及露胎口沿标本

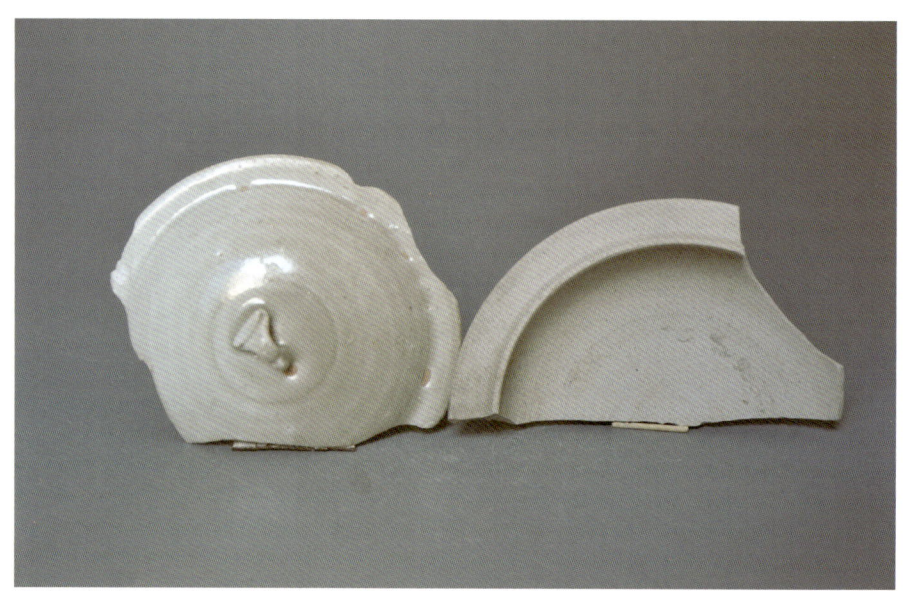

8-096 四季青窑南宋早期青白釉瓷盖标本

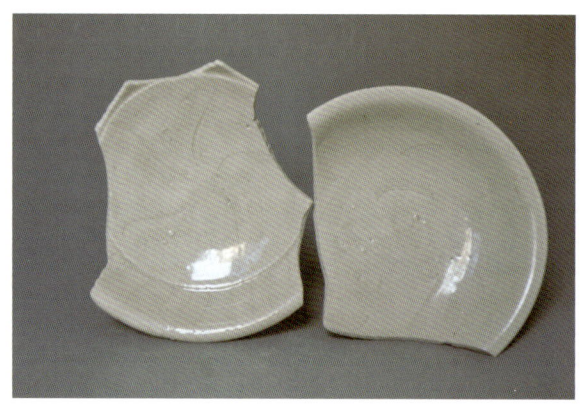

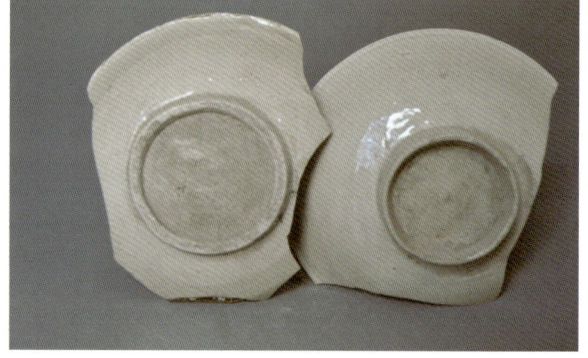

8-097 泰顺百丈下革窑北宋篦划纹青白釉瓷圈足碗标本

8-098 宁波碶闸街原境清禅寺遗址出土的泰顺类北宋侈口篦划纹青白釉瓷残碗。口径17厘米，高6.2厘米，底有墨书"玉七皿"

8-099 境清禅寺遗址出土的南宋早期篦划纹青白釉瓷碗标本

8-100 泰顺百丈金坑桥北窑群出土的青白釉瓷标本

8-101 百丈下革坟山头窑南宋刻荷花纹碗标本（左）。宁波古码头出土的坟山头窑标本（右）

 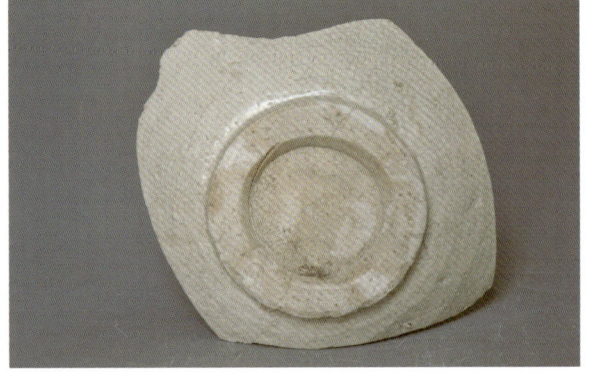

8-102 文成林窑山窑南宋初青白釉瓷标本

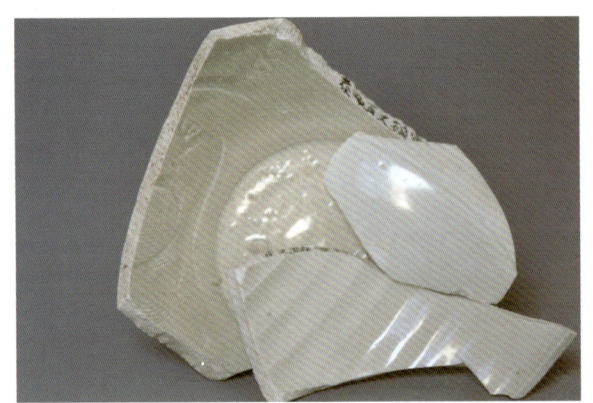 

8-103 泰顺南坑乡属地（含深度）碗窑北宋青白釉瓷标本一组、淡青釉瓷标本一组

8-104 宁波和义路"海上丝绸之路"古码头出土的部分泰顺类青白釉瓷残件片

8-105 宁波中山路天宁寺地块出土的泰顺南宋早期青白釉镶银边残碗。口径17.2厘米,高6.8厘米

8-106 宁波古码头出土的北宋晚期刻莲纹"花岩"铭款标本。花岩疑为古代窑地之名,具商标意义

 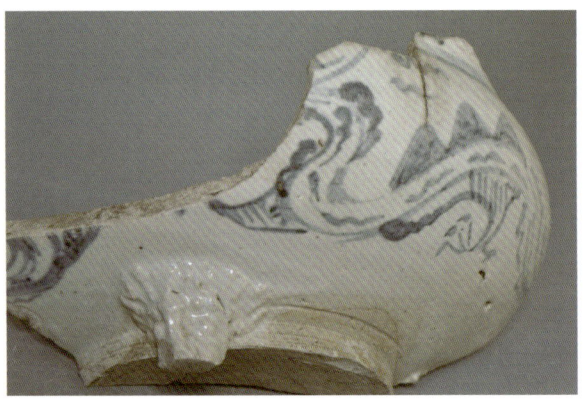

8-107 泰顺洪口乡深度碗窑明晚期兽面足青花龙纹大香炉标本。该青花残器应为该窑初期之精品

8-108 深度碗窑青花窑明晚期青花团花秋雁莲菊图小碗标本二品。明万历青花莲塘类纹饰，鹅、鸭、鸳鸯等禽类纹饰盛行

8-109 碗窑明晚期青花莲、菊图残碗。口径15.8厘米，高5.4厘米。单枝菊一把莲，明万历民窑常用纹饰

8-110 碗窑明晚期茶花纹青花瓷残杯

8-111 碗窑明晚期草福简笔写意梅纹残杯。崇祯梅图多以圆点表示,此图无枝,梅蕾意为多子多孙

8-112 碗窑明晚期青花缠枝菊花纹盘标本。十字径,21厘米×15厘米

8-113 碗窑明晚期青花小盘标本。边饰为圆子纹,盘中心独笔描写一孵鸭体下一圆卵,为创写意画之精作

8-114 碗窑清早期灵芝纹青花碗、盅标本。青花写意灵芝纹在康熙晚期至雍正民窑中盛行

8-115 碗窑青花窑产明晚期酱黑釉侈口杯。此标本在青花窑中较少见,大杯腹径7.5厘米,高7厘米

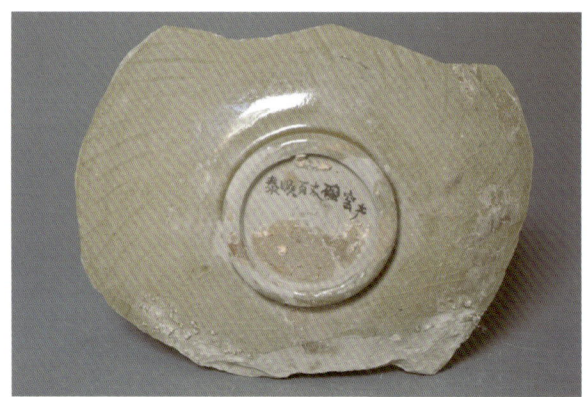

8-116 碗窑青瓷窑（青花瓷窑往前几百米）北宋晚期内篦划纹、外直条纹青黄釉（施釉至足根）盘

8-117 碗窑北宋晚末残盂。腹径8.5厘米，高4.7厘米，平底露胎，内外满施蜜蜡黄釉

8-118 左：碗窑南宋初捏塑水波纹青黄釉器边标本。右：宁波越窑南宋初水波纹天青釉官型类瓷标本

8-119 碗窑南宋早中期龙泉窑泰顺型精瓷片一组

8-120 碗窑南宋晚期淡青釉塑筋鬲式炉。腹径14厘米，高10.5厘米

8-121 碗窑北宋晚末灰青釉杯标本

8-122 碗窑南宋晚期灰青釉莲瓣纹圈足碗。外施釉至足跟,十字径,18厘米×14厘米

8-123 碗窑南宋晚期灰青釉折腹碗标本

8-124 碗窑元早期青黄釉莲瓣纹宽浅足残碗。施釉不足底,十字径,18.5厘米×17.5厘米

8-125 碗窑元早期青黄釉玉环状宽浅足莲瓣纹折沿盘。口径18.5厘米,高4厘米

8-126 碗窑元印鱼纹标本二品

8-127 碗窑元铲剔瓣纹青灰釉折沿盘标本

8-128 碗窑元铲剔瓣纹青绿釉折沿盘精品标本。口径17.5厘米

8-129 碗窑元晚期青绿釉圆足沿圈足印花盘标本。十字径,15厘米×14厘米

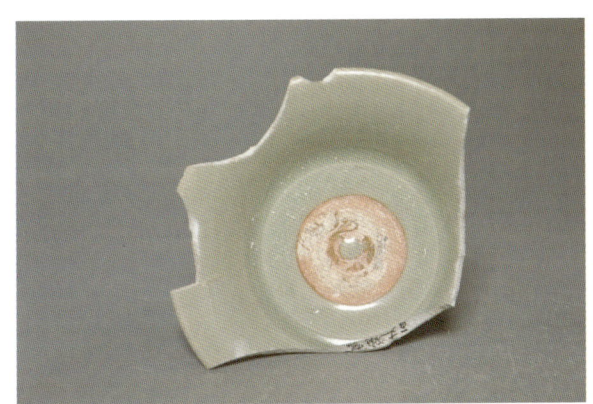

8-130 碗窑元末明初青绿釉喇叭口内底涩圈标本。十字径,12.5厘米×10.5厘米

8-131 碗窑南宋束口黑釉盏标本

8-132 碗窑元早期黑釉宽足碗。口径16.5厘米,高6.3厘米

8-133 碗窑南宋晚末撒"松金粉"黑釉瓷圈足碗标本。高 7.2 厘米,右图为器外壁釉及底足

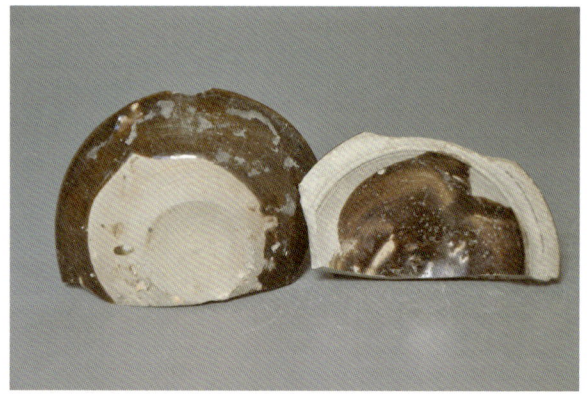

8-134 碗窑南宋晚末黑釉小盖、褐釉平底小蝶

8-135 碗窑南宋晚期黑褐釉莲瓣纹大盖。十字径,20 厘米 × 16 厘米

8-136 碗窑南宋晚期黑釉罐盖。径 13.5 厘米

8-137 碗窑元外青黄釉碾钵标本

8-138 碗窑元内外口沿施黑釉碾钵标本。高8厘米

8-139 碗窑南宋早中期"金玉满堂"方款标本。附碗窑高岭土瓷石标本

8-140 古"梅坡"碗窑，南宋早中期浅绿釉银锭框款

8-141 泰顺百丈镇金坑桥北窑群南宋早期刻旋菊纹缠枝莲碗残片

8-142 金坑窑群南宋早期刻缠枝荷花纹青黄釉碗标本

8-143 金坑窑群南宋早期内刻双线分瓣纹青黄釉圈足碗。口径17厘米,高6厘米

8-144 金坑窑群南宋早期刻缠枝荷花纹青黄釉圈足盘标本

8-145 金坑窑群南宋早期青黄釉平底盏。口径10厘米

8-146 金坑窑群元早中期标本。莲花一朵仍具南宋风格，内壁刻出筋瓣纹从此盛行

8-147 金坑窑群元中晚期青绿釉精制铲刻出筋瓣纹大盆标本。测绘口径约38厘米

8-148 金坑窑群元青黄釉折沿残盆。口径13厘米，高4.6厘米

8-149 金坑窑群元印双鱼折沿青瓷盘。口径18.8厘米，底径8.5厘米，高3.5厘米 双鱼间印有凸点状鱼子纹

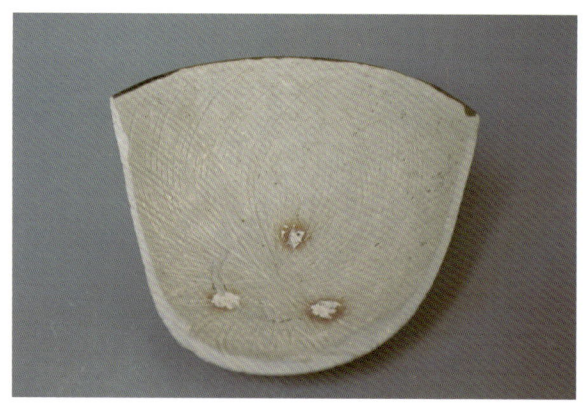

8-150 金坑窑南宋外半黑釉碾钵。高 6.3 厘米

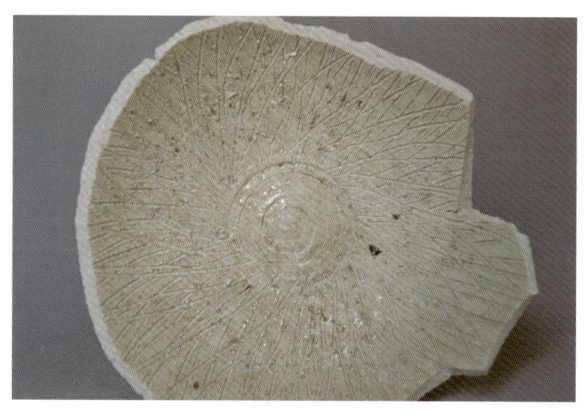

8-151 金坑窑南宋特厚底碾钵。测算底厚 2.5 厘米

8-152 金坑窑南宋细兔毫束口小圈足黑釉残碗标本。口径 12 厘米，高 5.8 厘米。此茶盏不亚于建窑

8-153 金坑窑南宋晚期侈口折腹大圈足黑釉瓷碗。口径12.3厘米,高3.5厘米

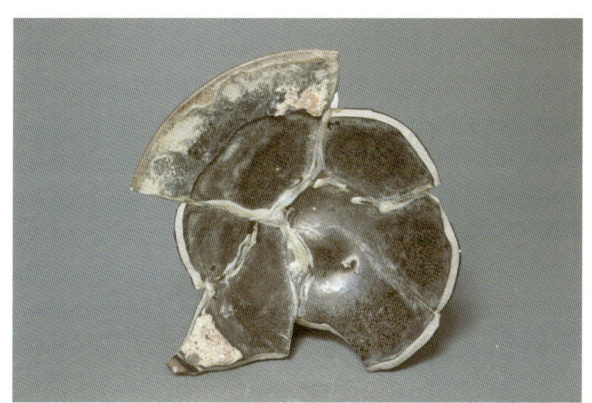

8-154 金坑窑南宋内黑釉外花釉小足敞口碗标本(附褐彩黄条纹残片)。该碗外壁运用了吹釉工艺。烧成后呈现了"金桂釉黑花"的特殊效果

8-155 金坑窑南宋晚期茶末釉平底盆。口径10.4厘米,高3.2厘米

8-156 金坑窑南宋晚期栗壳色釉碗标本。口径17厘米,高6厘米

8-157 金坑窑南宋晚期撒"松金粉"黑釉较细圈足深腹碗标本。高 7.2 厘米

8-158 金坑窑南宋晚期外刻莲瓣纹黑釉残大碗。口径 20 厘米，高 8 厘米

8-159 金坑窑南宋晚期黑釉精瓷油滴碗标本

8-160 金坑窑南宋晚期黑釉精瓷细油滴碗标本。宋元时期浙江烧黑釉瓷窑址甚多,笔者只在泰顺发现了油滴碗

8-161 金坑窑八思巴文残窑具柱面、顶两品

8-162 留在窑址原地的罕见高垫柱窑具,有七八十厘米高

附录

梅坡的传说

　　泰顺筱村镇的新山乡,古时叫库村。库村后山的高崖上镌有遒劲飘逸的"锦绣谷"三字,相传为宋进士吴泰和所书。吴老有一年轻弟子,小名厚土,库村人,从小喜欢涂鸦,有空常去锦绣谷的三友洞。后拜吴泰和为师,习得一手好字,颇受乡邻赏识。厚土有一青梅竹马的女友叫悠悠,正值豆蔻年华。蚕豆花儿香,麦苗依旧甜,就在这个浓情含羞的季节,厚土却被他的叔伯请去作雕坯画师了。

　　初春的山野宛如一幅浓淡有致的水墨画,悠悠送厚土哥到莒江边时已是晌午了;过莒江、淌洪溪,赶到这不知名的野坡烧窑地还有半天的路程哩!古代的窑地,大都选择在林木丰盛的荒山野岭,先有窑而后有村。天擦黑时,厚土跟着他的叔伯才到了无名的烧窑地,这是个三四户人家合凑起来的新窑,溪边坪地上是一年前新搭起来的几舍住人的平房。再往上几十米,还有几间小屋,是两家北方来的难民,窑地就在百来米不远的东南坡。

　　炼泥、做坯、雕坯、荡釉……厚土这后生虚心好学,烧制瓷器的活儿一点也不含糊。烧窑值夜是最辛苦的事,他仗自己年轻总是抢在先,颇让那些师傅们看重。

　　在这"家书抵万金"的年代,站在高处向亲人离乡的方向眺望是一种心灵的交流;悠悠常倚在青色的竹帘下看黄昏的垂落,或伫立在锦绣谷的涯下,望着一缕缕淡淡的山岚,萦绕在远方的思念里,清清的溪水里流淌着湿漉漉的相思……厚土也常透过薄薄的夜幕,仿佛能望见远山溪畔的廊桥,还有那双含羞草般的眼睛。他守护着窑炉,也守护着山野的岑寂!

　　生活是艰辛的,短暂的人生常有漫长的分离与思念。半年或几月的等待,仍显得那么地遥远。这不知名的野山岙最耀眼的是几株野梅树,也不知道它们是怎么长在一起的,尽管开的花并不相同,有红、粉红或白色的,但结出的果实都如同瓷的青色!又到了梅树结果的季节了,而今厚土那双青筋暴突的手也能担任沉重的岁月了。他给这个无名的野山取了个名叫"梅坡",思念与希望都寄托在这只青色的碗心里。

　　夏日的夜是沉闷的,不能入眠的厚土不到半夜就来换叔伯的班了。忙完窑事还不到一更,裹闪着雷电的风雨就飘泼般而来;又过了约半个时辰,厚土似乎听到了轰轰的轰鸣声从无尽的天边奔涌而来——不好！他摸黑朝溪边坪地上的宿地飞奔而去，跌倒了，又迅速爬起来飞奔……山洪来了！山洪……他敲开一扇扇门窗，眼看着他们从睡梦中醒来奔向高地，而他又向坡的高处跑去，因那里还有两户从北方逃避战火而来的难民……百姓们围聚在安全地带互相顾望，才发现少了厚土这个憨孩子！当人们听到他的呼喊安全脱离时，厚土因过度紧张劳累，昏倒在暴涨的溪沟边，很快泥石流冲毁了这片住宿地！

半月后，悠悠第一次来到这个无名窑地，当她从厚土叔伯的手里接过这只刻有"梅坡"两字的青瓷碗时昏倒在地。那只留书着厚土相思的青瓷碗也摔碎在地，但飘逸隽永的"梅坡"残片却永留在了历史里！梅花谢了又开，窑火熄了重燃，人生多少悲欢离合，就像这酸涩的青梅。

从泰顺筱村镇有去畲乡司前镇的车子，经过去该窑址的路口，过了早班车，你只能乘三个轮子的蹦蹦车了。你可以在能让路人躲风避雨的"小岭站"下车，沿着泥石路向西步行约700米，能望见一棵高高耸起的参天大树，这是处至今在地图上都没有标示地名的原始村落，1998年为配合建设珊溪水利枢纽工程而搬迁，附近的村民称之为碗窑村。

大树边一块突起的平坡地，有舍小小的红砖房，是村民搬迁后新建的。村民说古时候山岙里有座岢女庙，后来又叫作窑神庙，常有人来祭拜。现今大树旁的小庙下，传说南宋时曾是一座烧窑人的墓地……哦，梅坡！这是一个埋在地下的遥远的故事，我有幸发现了它，当我洗去它尘封的浮土时，"梅坡"的字缝间仿佛有诉说般的笛声传来，一阵阵古老而遥远的苍凉，连同那悠悠少女时的那种芬芳、羞涩的憧憬，挂在古老而遥远的岁月里……

丽水地区
LISHUI DIQU

丽水位于浙西南,与福建相交,今辖一区七县一县级市。隋时置县括州,唐始称丽水,明、清为处州府治。龙泉市位于丽水市的西部,龙泉青瓷名扬天下。精美、晶莹似翠如玉的龙泉青瓷,顺着悠悠的历史长河,跋涉于深山峻岭,穿越原始而崎岖的古道,肩挑着希望与使命,奔向湛蓝的大海,近至日本、高丽、东南亚、南亚、西亚,远及欧洲、非洲……为"海上丝绸之路"书写了辉煌的一页。

龙泉青瓷窑在浙江乃至全国堪称与越窑并肩的最大窑系之一,光丽水与温州地区已发现历代窑址 500 余处。龙泉境内是分布最密集的地区,东区紧水滩窑群以元、明窑址为主,不下 220 处。龙泉溪上游的西区,以大窑、溪口、金村及庆元上垟为代表的窑群,不仅是龙泉青瓷的创始地,还为南宋皇室、官僚烧造大量官器及传世哥窑类器;大窑东北片垟岙头南的枫洞岩窑址,更是近年发现的明初为宫廷烧造官器的窑厂……龙泉窑这层神秘的面纱还有待世人更进一步去揭示。

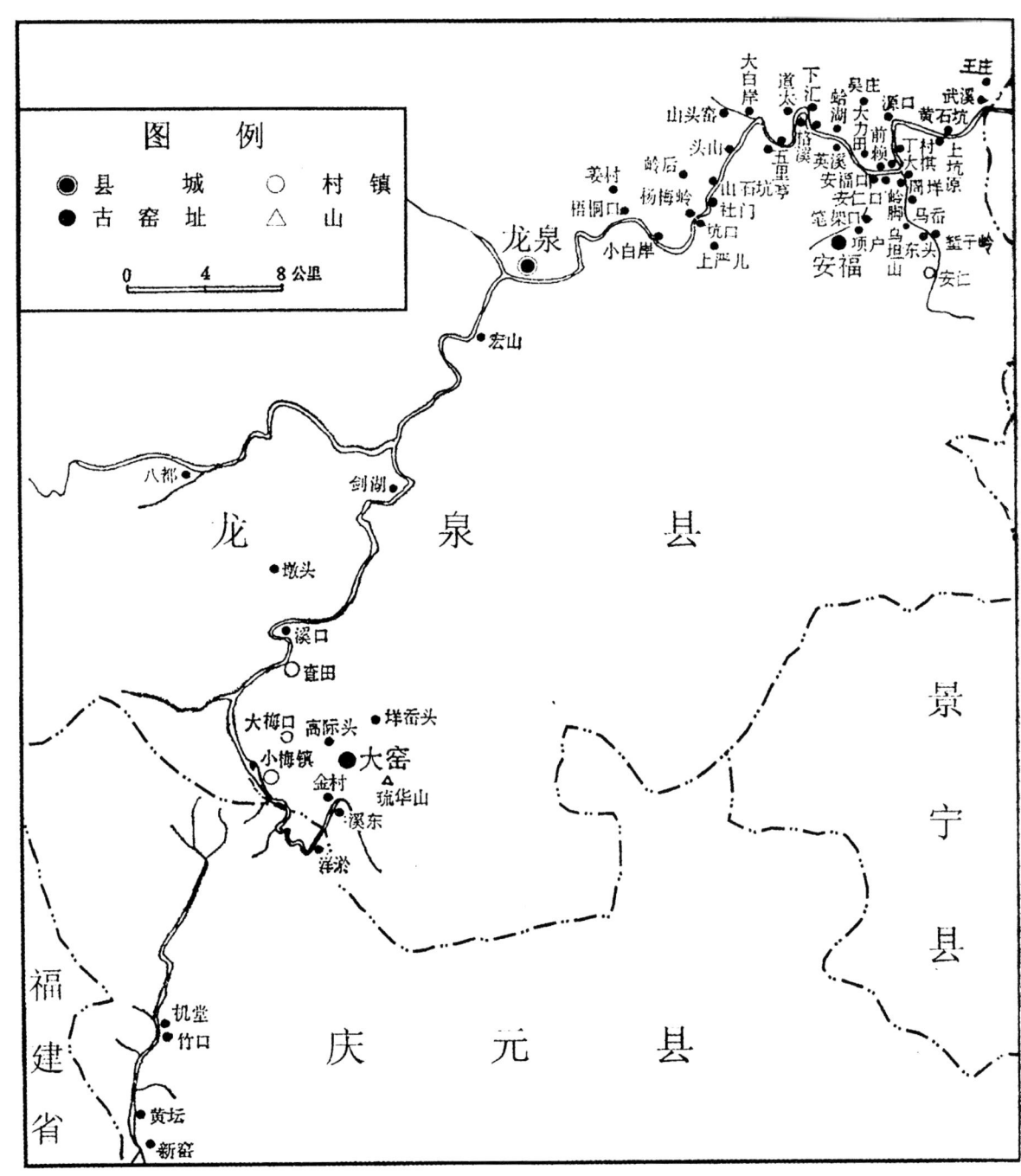

龙泉窑址分布图（选自1988年版《龙泉青瓷研究》图录）

9-001 丽水大港头镇保定窑南宋末青绿釉篦划花卉纹盆标本

9-002 保定窑元早期青黄釉翻沿口底弦纹碗标本。口径16.5厘米,高6.5厘米

9-003 保定窑元内底露胎印筒荷纹碗标本。口径15.5厘米,高5.6厘米

9-004 保定窑元冰裂纹开片碗残片

9-005 保定窑元印一枝梅标本

9-006 保定窑元刻简笔荷花纹标本

9-007 保定窑元印菊花纹标本

9-008 保定窑元刻印八思巴文青瓷标本

9-009 保定窑八思巴文标本较多，属当年"时髦"之装饰，大都为粗器。此片另书有直读"大山"两字

9-10 保定窑元高足杯。内外满布开片，底有模糊印纹。高 8.5 厘米

9-011 保定窑元饼足黑釉残碟。径 10.7 厘米

9-012 保定窑元黑釉瓷残片。该印刻字纹左侧尚可辨,疑为小篆"绤"字,意为平民用的粗葛布

9-013 保定窑黑釉残片二品

9-014 保定窑南宋晚末至元青瓷标本一组

9-015 缙云壶镇镇大溪滩村大溪滩窑址北宋末碗盘标本二品。碗口外翻，口径12厘米，高4.2厘米

9-016 南宋早期，大溪滩窑外组合直条纹、内草刻条叶纹碗标本。十字径，15厘米×14厘米

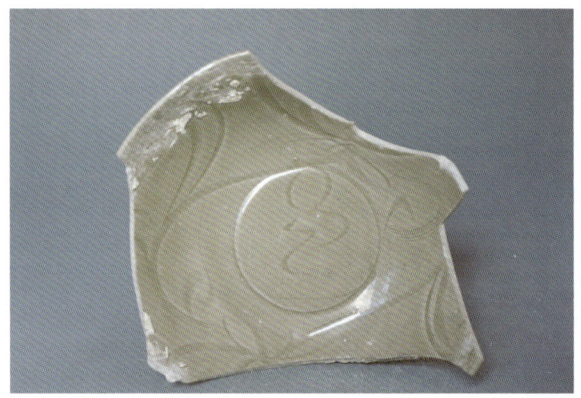

9-017 大溪滩窑南宋早期刻划兰草纹碗标本　　　9-018 大溪滩窑南宋早期"河滨遗范"款标本

9-019 大溪滩窑元早期内底涩圈青黄釉残盘。口径 16.5 厘米

9-020 大溪滩窑元早期碾钵标本

9-021 大溪滩窑南宋蓝花斑黑釉盏标本

9-022 宁波老城区出土的蓝花斑黑釉罐残片

9-023 大溪滩窑宋元青瓷残片标本一组

9-024 庆元黄新乡新窑村樟树下新窑窑址明翻沿青绿釉碗标本。十字径,11.5 厘米,高 7 厘米

9-025 新窑明翻沿蜜蜡黄碗标本。口径 16.5 厘米,高 7.4 厘米

9-026 新窑明青绿釉竹节高足杯标本。高 10.4 厘米

9-027 新窑明初青绿釉内外铲剔瓣纹菱口大盘标本

9-028 新窑明早期青绿釉刻缠枝花卉纹菱口大盘标本

9-029 庆元竹口镇竹口窑元晚末青绿釉浅浮雕刻花卉乳钉纹三足炉标本（附同窑出土精标本一枚）。十字径,20厘米×11.5厘米

9-030 竹口窑元末明初青绿釉三足炉标本

9-031 宁波老城区出土的竹口窑明早期兽面足炉标本

9-032 竹口窑元淡青绿釉三足樽式炉标本

9-033 竹口窑元淡青绿釉浅腹三足炉标本

9-034 竹口窑明青绿釉弦纹筒式三足炉标本

9-035 竹口窑元青绿釉外直条纹（变形瓣纹）内底涩圈碗标本。口径13.7厘米，高6.4厘米

9-036 竹口窑元末明初淡青绿釉外直条纹残碗。口径 12.5 厘米，高 5.8 厘米

9-037 竹口窑元末厚圈足灰青釉"玄"字铭碗标本

9-038 竹口窑元末明初淡青绿釉外直条纹"泰"字铭残碗。口径 10 厘米，高 5.2 厘米

9-039 竹口窑元末明初淡青绿釉"福"字铭标本

9-040 竹口窑明早期变形瓣纹碗标本

9-041 竹口窑元晚期卧足底碾钵标本

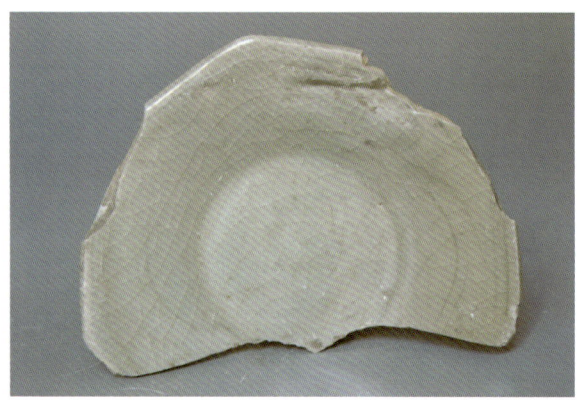

9-042 竹口窑元末明初淡青绿釉菱边夹层祭盘。径 13 厘米

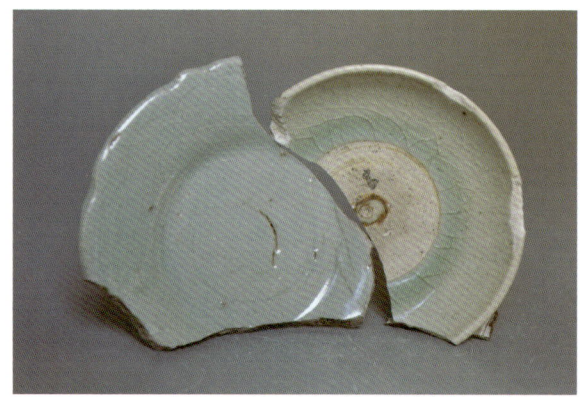

9-043 竹口窑元末明初盘碟二品

龙泉窑系元晚期明初文字类标本集遗

9-044 八思巴文如一堵难以逾越的高墙,右边一戴高帽的妇人像(左)直面冥冥中的孩子

9-045 钱币纹旋读"天下太平"铭

9-046 钱币纹对读"天下太平"铭

9-047 银锭纹对读"金玉满堂"铭

9-048 银锭纹右对读"长命富贵"铭

9-049 银锭纹左对读"寿比南山"铭

9-050 如意纹对读"长生不老"铭

9-051 回头鹿认字,寓意"鹿(乐)在其中"

9-052 方框款篆体反书"大有"铭

9-053 鹿(禄)负"清"铭

9-054 鹿负篆书"清"铭

9-055 如意图内有"义"鹿

9-056 如意图内能鹿(乐)宁

9-057 福鹿(禄)双盈

9-058 印文八仙"仁"铭

9-059 八仙"僧"铭碗,十分厚重

9-060 元末明初"洪(武)"字铭

9-061 瓣内绘八宝的纹饰在元中期的至正型青花器中已使用较广,至正十二年(1352)起,景德镇战事不断,至正二十年(1360)才为朱元璋所控制,龙泉青瓷的八宝纹估计不会早于明前的15年,可作断代标本

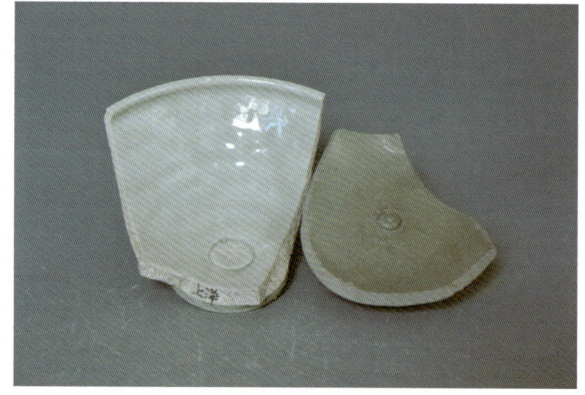 

9-062 庆元上垟窑北宋早期淡青釉写意独子莲纹敛口碗标本。右越窑五代独子莲纹

9-063 上垟窑北宋早期淡青釉缠枝莲纹碗标本

9-064 宁波慈溪上林湖窑北宋初灰青釉缠枝纹标本

9-065 上垟窑北宋早期微黄淡青釉缠枝莲纹

9-066 上林湖窑北宋早期灰青釉缠枝莲纹

9-067 上垟窑北宋早期淡青釉标本二品

9-068 龙泉金村窑北宋中期外组合直条纹内缠枝莲加之形篦点纹碗标本

9-069 金村窑北宋中期缠枝莲加之形篦点纹盘标本

9-070 金村窑碗盘二标本之底足

9-071 庆元上洋窑北宋中期青绿釉外直条纹内缠枝莲加之形篦点碗标本

9-072 上洋窑此标本属秘色瓷范畴,内旋菊纹缠枝莲及锥刺纹,十分规范

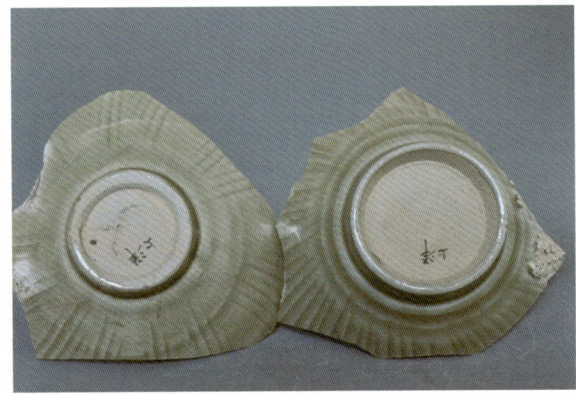

9-073 图 9-071、9-072 标本之背底

9-074 属"制样须索"正品艾青秘色瓷碗标本,两标本非同一器。下图中间为上图北宋中期秘色瓷标片之背,左右为上洋窑址秘色瓷残片

9-075 北宋中期龙泉窑青绿釉秘色瓷标本。 宁波五代境清禅寺遗址出土

9-076 北宋中期金青黄釉秘色瓷中空祭盘标本。宁波境清禅寺出土

9-077 北宋中期刻篦划莲瓣纹青绿釉中空祭盘座碗标本。宁波境清禅寺遗址出土

9-078 北宋中晚期刻荷花纹中空祭盘标本。宁波境清禅寺遗址出土

9-079 本标本约15年前采于大窑某不知名窑地,为明初之官窑,在大窑峰洞岩一带。标本盘面口沿下有弦纹二道,下刻划波浪纹或祥云纹,盘面满布连环钱纹。背口沿下有明显的粘合痕迹,可见此标本也是中空祭盘器之盘体。

由以上9-076至9-079标本可见,龙泉窑此类器皿从北宋至明初都有烧造,且都较一般器品精湛。对其称谓却杂乱而无统一标准:有称诸葛碗、孔明碗、夹层碗、暖碗及夹底骰盆碗等,其用途也不十分明确。

以上诸多标本及其出处,可以说明它主要用于祭祀。笔者认为把它称为中空祭盘为妥。

9-080 该碗标本也属北宋中期龙泉窑准秘色瓷范畴,宁波天宁寺遗址出土,高7.2厘米

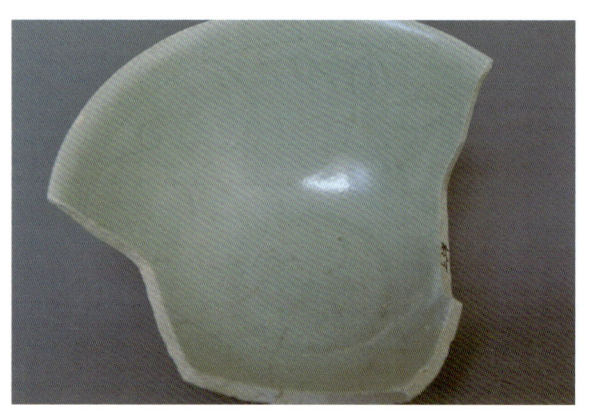 

9-081 上垟窑南宋早期青绿釉内刻简笔缠枝莲、外刻带篦划莲瓣纹碗标本。高7.3厘米

9-082 南宋早期青绿釉,花口内出筋(白线条),"河滨遗范"方款二品

9-083 上垟窑南宋早期刻花卉纹盘标本。十字径,13厘米×11厘米

9-084 上垟窑南宋中期刻凸筋莲瓣纹碗标本,高6.8厘米

9-085 上垟窑南宋晚期梅子青釉瓣纹碗标本

9-086 上垟窑元早期翻沿盘标本。测算盘径约17厘米

9-087 上洋窑元晚期内壁瓣纹翻沿小盘标本。测算口径约 13 厘米

9-088 上洋窑大碾钵标本。测算口径约 35 厘米，高 10.5 厘米

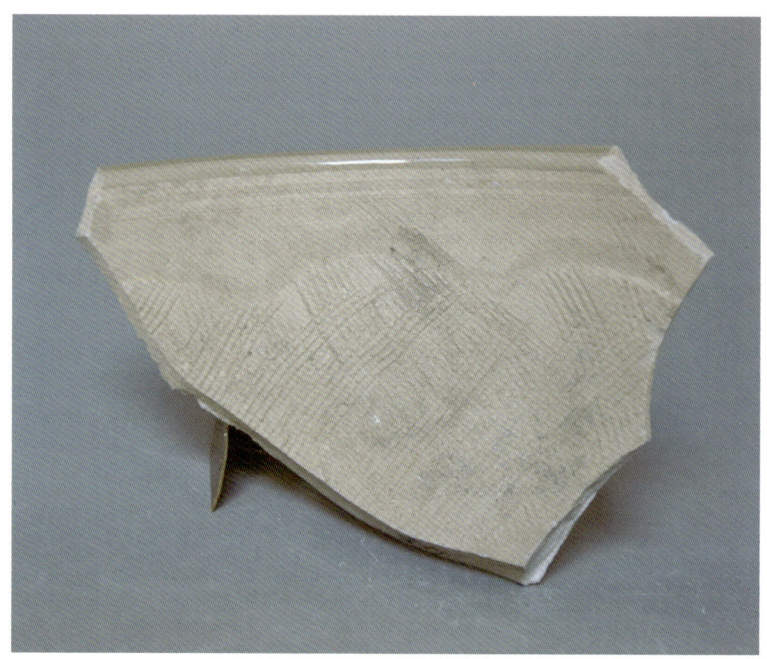

9-089 金村窑的此碾钵标本与上洋窑同一风格，为北宋晚期所产

9-090 龙泉金村窑北宋早期淡青釉双鱼纹残片。背可见早期（折扇）组合直条纹，此标本与上林湖越窑五代初的鱼纹相似

9-091（上）金村窑、（下）上垟窑南宋晚末双鱼纹盘标本。两窑此类鱼纹标本大都不甚清晰，但可见其工艺之酷似

9-092 龙泉窑南宋早期刻三鱼水藻纹碗标本

9-093 龙泉窑南宋晚期青黄釉印双鱼纹标本

9-094 龙泉窑南宋晚期梅子青釉印双鱼纹标本盘背面

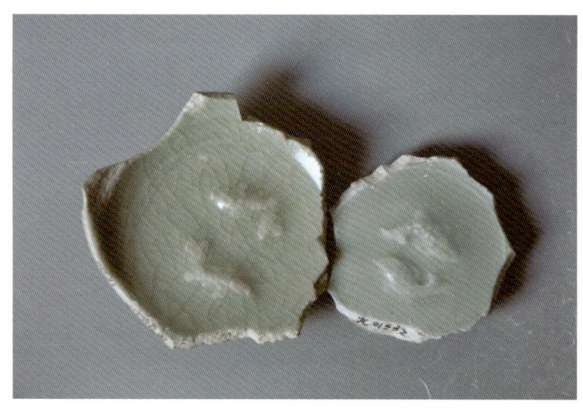 

9-095 龙泉窑南宋晚末—元早期印双鱼纹标本。南宋鱼纹为薄片贴制，宋末稍后为直接模印而成

9-096 龙泉金村窑北宋中期旋菊缠枝纹加篦短划外折扇状条纹碗标本。北宋中期的此类瓷品不及上洋窑精美

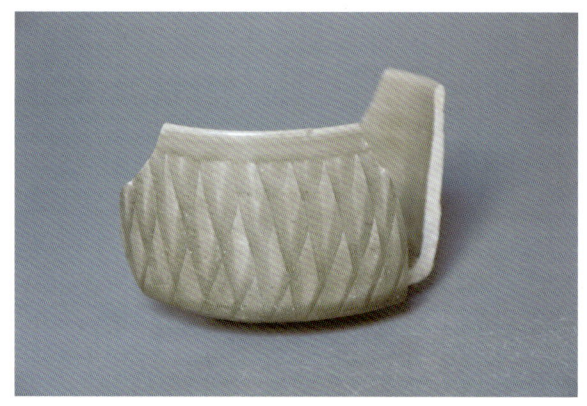 

9-097 金村窑北宋中晚期蒲剑纹圈足炉标本。口径11.2厘米，高6.5厘米

9-098 景德镇窑北宋中晚期蒲剑纹青白釉瓷标本

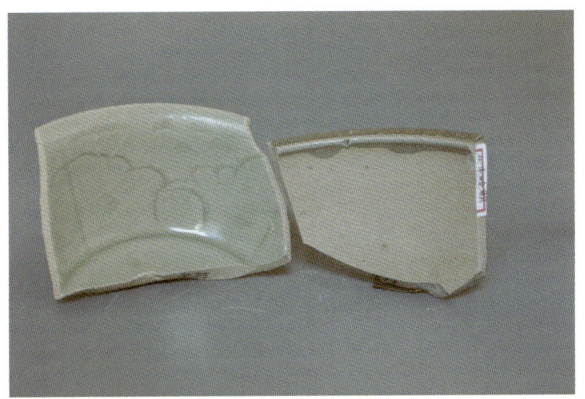

9-099 金村窑北宋晚期外刻篦划莲瓣纹杯擂钵标本。擂钵不同于粗器碾钵

9-100 "道章"墨书铭的擂钵标本。宁波城区和义路古码头遗址出土

9-101 金村窑北宋晚末刻缠枝莲纹碗标本，口径17厘米，高7厘米

9-102 南宋早期金村窑标本。花口刻划分瓣线，内饰云纹，微青绿釉盘

9-103 金村窑南宋中期较宽莲瓣纹碗标本

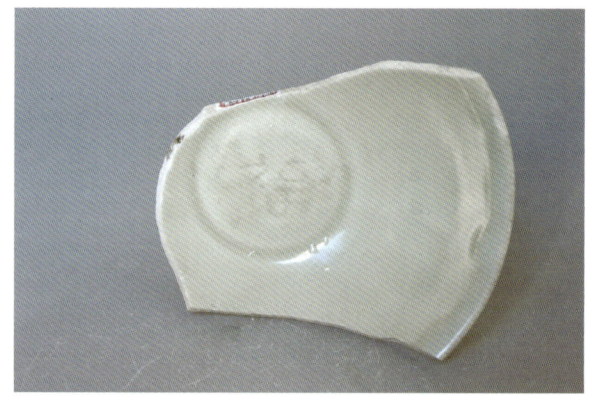

9-104 金村窑南宋中期"福"字款碗标本。南宋中期"福"字款甚少见

9-105 金村窑南宋中晚期冰裂开片蟹壳青釉碗标本

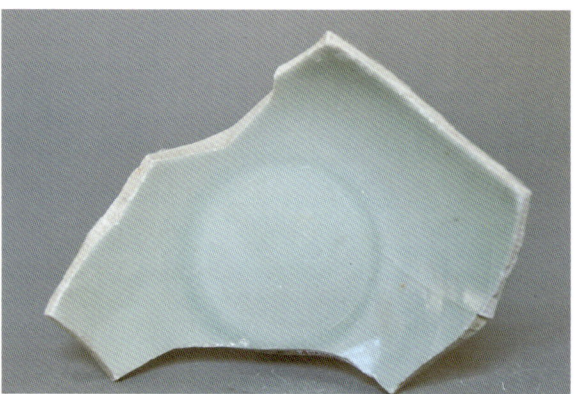

9-106 金村窑南宋中晚期梅子青釉碗标本

9-107 金村窑南宋晚期梅子青釉紫边足小碗、小洗

9-108 金村窑南宋晚期青釉折沿盘二品

9-109 金村窑元早期内壁瓣纹折沿盘标本

9-110 金村窑元早期塑印寿龟、梅朵纹碗、杯标本三品

9-111 金村窑明粉青釉蜜蜡黄釉标本一组

9-112 金村窑火照、垫饼窑具二品

9-113 龙泉溪口窑北宋晚期、南宋中期、南宋早期标本三品。南宋晚期为溪口窑鼎盛期,出黑胎、白胎官用器

9-114 溪口窑南宋晚期外销或民用精瓷碗、盆、瓶标本

9-115 溪口窑南宋晚期官用或外销青瓷杯标本一组

9-116 溪口窑南宋晚期（形似菊花）莲花杯残件

9-117 宁波古码头遗址出土的二标本应该是溪口窑所产，这种似北方绞釉的杰作其实是吹釉的创新效果，在温州泰顺的黑釉器中也有运用

9-118 溪口窑元缠枝番莲纹小罐标本。此小罐在南洋诸国多有出土

9-119 溪口窑元荷花纹标本

9-120 大窑南宋中期荷花纹精瓷标本

9-121 龙泉窑东区安仁口窑群元高足杯荷花纹标本

9-122 安仁口窑群元青瓷碗荷花纹标本

9-123 溪口窑南宋晚期厚釉薄白胎翠青釉洗标本。十字径,11厘米×8厘米

9-124 溪口窑南宋晚期厚釉黑胎蟹壳青釉小碗标本

9-125 溪口窑南宋晚期黑胎青瓷残片二枚

9-126 宁波天封塔地块出土的翠青釉紫口碗标本

9-127 宁波老城区出土的南宋晚期类溪口窑残片一组

 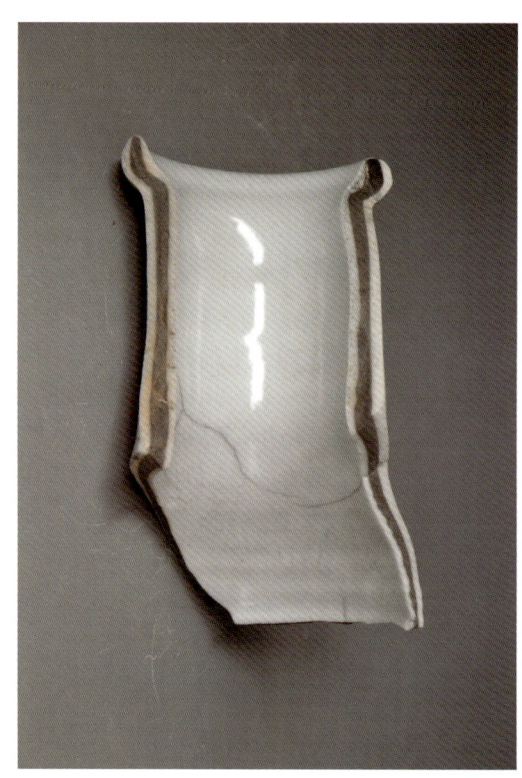

9-128 溪口窑南宋晚期黑胎厚釉月白釉胆式瓶口腹部标本。十字径,13厘米×7厘米。该标本釉色滋润如白玉,釉层肥厚而无丝毫流釉痕迹,颈腹交汇处厚达3毫米,粗开片为黑色"铁线",细开片微泛"金黄"

9-129 龙泉大窑北宋晚末青黄釉刻划牡丹纹盘标本

9-130 大窑南宋初期瓷泥浆划画的直条纹碗标本

9-131 大窑南宋早期篦划瓣纹平底标本及中晚期瓣纹碗标本一组

9-132 大窑南宋晚期梅子青釉瓣纹碗标本二品

9-133 大窑元末明初翠青釉团窗框牡丹纹盘标本。此标本胎体厚重

9-134 龙泉窑北宋中晚期篦划宽莲瓣纹夹层祭盘之碗座（佛像的底也都是中空的）

9-135 龙泉窑北宋中晚期外折扇形直条纹镶银口碗标本。宁波镇海区出土

9-136 龙泉窑南宋初期篦划狭莲瓣纹琉璃状粉青釉碗标本

9-137 龙泉窑北宋晚期篦划缠枝花卉外直条纹盘标本

9-138 龙泉窑北宋晚期篦划缠枝莲外直条纹小足碗标本

9-139 龙泉窑北宋晚期铜锣底篦划荷花残盘

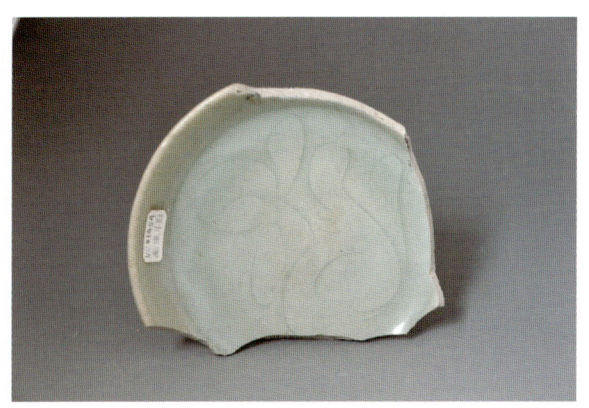

9-140 南宋早期刻简笔荷花纹青绿釉铜锣底残盘。十字径,11厘米×9厘米

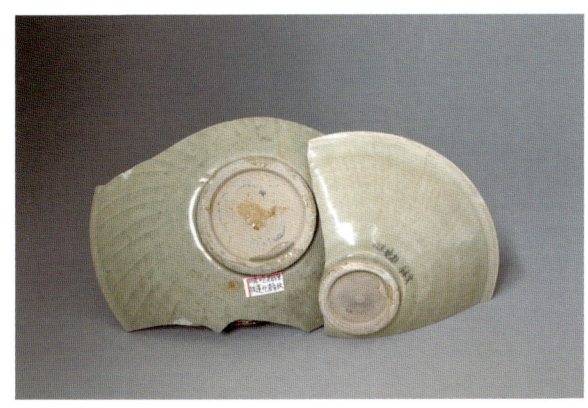

图 9-137、139 背部

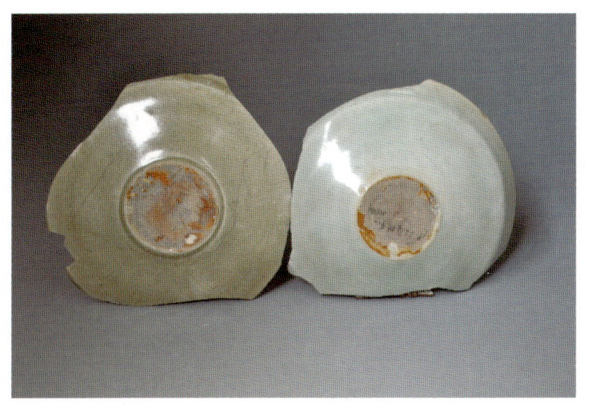

图 9-138、140 背部

9-141 左图为龙泉窑南宋早期青绿釉缠枝牡丹纹残碗。口径14厘米,高7.5厘米,制作十分规整,与右图越窑寺龙口窑的官型类碗相似

9-142 南宋早期缠枝莲叶莲花纹碗标本

9-143 南宋早期花瓣口划分瓣重弧线青绿釉碗标本

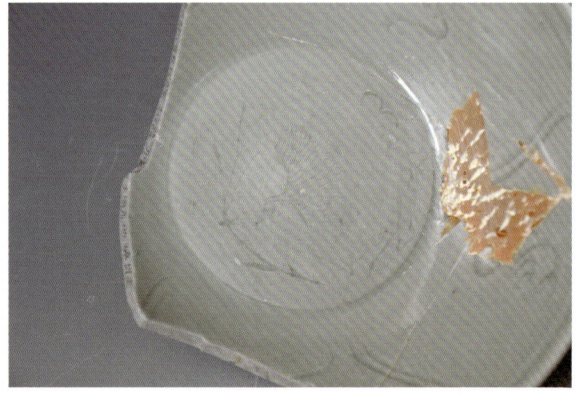 

9-144 内底有少见的刻秋雁衔草图碗标本

9-145 南宋早期粉青釉"金玉满堂"方框款标本

9-146 龙泉窑南宋早期青绿釉内描白筋"河滨遗范"款标本（附南宋中期"清凉河滨"款标本）。该款南宋中期器还在运用，但安徽出土的一件有"河滨遗范"铭文、外书有墨书"庚戌年……"的碗不会是南宋中期的，金村窑发掘报告的结语中也有提及

9-147 南宋中期浅浮雕莲瓣纹残碗。口径12厘米，高5.1厘米

9-148 南宋中期灵芝纹碗底

9-149 南宋中期如意纹"刘"字款碗底

9-150 南宋中晚期残盖。径10.5厘米

9-151 南宋晚期凸筋雕莲瓣纹标本。十字径，15厘米×11厘米

9-152 南宋晚期束口碗标本二品。右口径10.8厘米，高5厘米

9-153 南宋晚期梅子青釉贴塑双鱼纹折沿残盘。口径16.5厘米，底径7.5厘米，高5厘米

9-154 南宋晚期铲刻莲瓣纹折沿残盘。口径12.5厘米，底径5.4厘米，高3.6厘米

9-155 南宋中期鼎式三足小炉标本

9-156 南宋晚期青绿釉三足炉标本

9-157 南宋晚期粉青釉鬲式炉标本

9-158 南宋晚末梅子青釉三足炉标本。炉底已与足平

9-159 大窑元碟形小杯。口径7厘米,高3.7厘米

9-160 大窑元八思巴文铭碗标本

9-161 此大盘与河北灵寿县至治二年（1322）墓出土的盘相似，应在1322年前。十字径，21.5厘米×10厘米。大窑窑群出土

9-162 龙泉窑元底团菊纹内壁缠枝牡丹、外壁直条纹大碗标本。外壁如折扇骨的直条纹在北宋晚末渐消失，但从元至明出现了这种返古现象，它是作为一种写意的花瓣来表现的

9-163 元印缠枝牡丹纹碗标本

9-164 元瓶下腹与底标本

9-165 元荔枝纹盘标本。荔枝意为连生贵子

9-166 元梅子青瓣纹盘印双葵点彩盘标本

9-167 龙泉明初官用类贴花牡丹纹罐盖花盆标本一组

9-168 明初官用类贴花牡丹纹瓶、罐标本一组

9-169 明初牡丹纹青绿釉残盘。口径15厘米,高4厘米

9-170 "顾"字款(左)、"顾氏"款(右)标本二品。大窑枫洞岩窑址遗存的明初官用器标本中有不少"顾"字款,在明中期的出口瓷中也有发现

9-171 明早期—晚期菱花口盘标本二品

9-172 明中期炉标本二品

9-173 葫芦瓶多用作药瓶，也可作佛用的净瓶。该标本紫色珠串由局部加紫金土烧成，此装饰独具匠心，非常罕见

9-174 明中期标本三品

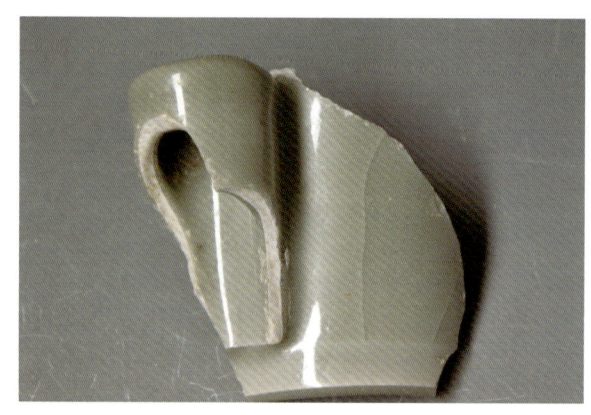

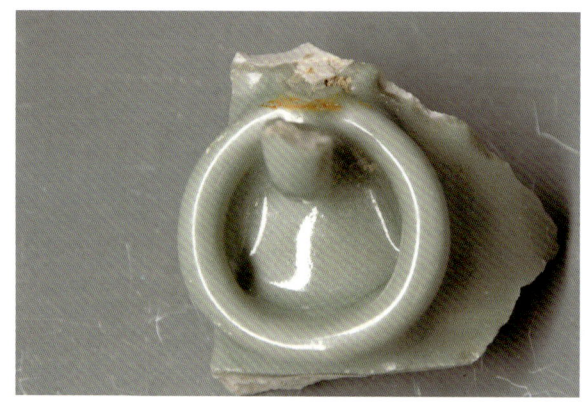

9-175 龙泉窑南宋晚期官类贯耳瓶、象鼻瓶（多见凤耳而象鼻少见）双环瓶标本

9-176 龙泉窑南宋晚期官类琮式瓶、盘口瓶、瓣形四方瓶标本,都十分珍稀

9-177 南宋晚期官类出筋鼎式小炉标本

9-178 南宋晚期官类筒式弦纹开冰裂纹炉标本二品

9-179 南宋晚期官类唾盂标本三品

9-180 南宋晚期官类紫口铁足碗标本

9-181 南宋晚期官类莲瓣纹敛口碗标本

9-182 南宋晚期官类翠青釉开片束口碗标本

9-183 南宋晚期官类粉青釉冰裂纹开片平底盖罐标本。高丽青瓷在12世纪后期多产平底药罐，而龙泉很少见到平底罐

9-184 南宋晚期梅子青翠青釉碗三品

9-185 留在原址的庆元上洋窑残瓷样貌

9-186 宁波老城区及海丝古码头出土的部分南宋晚期龙泉窑精瓷标本

后 记

窑火虽熄魂犹在,残瓷碎片皆故事。它们的故事是厘不清、说不完的。对于古陶瓷的认知,好些人努力过,被称为业余的甚至横着心要成为一个专业人士……而我毕竟不是专业人士,所以说的谬误断然不少,尤是对这许多残件碎片的断代更为吃力,有些专著中把一块标本断为"宋元",竟松到400多年,连初学的爱好者们都哭笑不得!说出你的认知是需要勇气的,不是专业人士,往往胆子相对大点,错了,失了面子也无妨,但尽可能说得不要太偏离。

学瓷先学人,写书更应提倡实事求是,不因某种需要而去张冠李戴。例如我在2007年出的《宁波古陶瓷拾遗》中有不少高丽青瓷标本为他书所用。文化没有界限,相互借鉴运用是好事,但没一片是宁波海丝古码头出土的,硬是都写成古码头出土,总感到不甚妥。为学术的严谨,特此说明。

有资料显示,浙江有历代古窑址不下2000处,但这个数字年年都在减少,特殊地区消亡更快!说实话,几十年来我只跑了具代表性的窑址300余处。本书所涉及的大概不到四分之一,共收入无编号照片48幅,描绘地图(13份)18幅,编码标本(949号)1222幅,动用标本数千片(件),百分之九十以上为未发表面世的本人收藏。本书注重平民情致,书中所选的古代广大平民百姓类用器的残件、标本占相当大比例,以还原古代窑址、陶瓷的真实面貌,更利于广大爱好者易于上手的一般陶瓷品的参鉴。

官窑也好、民窑也好,秘色瓷也罢、露胎叠烧瓷也罢,陶瓷出于民间人,民间人识民间瓷。本书承蒙民间爱好者,古陶瓷热心、痴心人士的鼎力相助,甚至提供从未面世过的绝品佳片:有宁波的潘文波、毛昭阳、张利东先生,德清的冯铁海先生,温岭的林海萍先生等。宁波出版社沈建国老师圆我之梦,旅居澳大利亚资深文化人骆进之先生为本书题签,甬上作家、诗人朱田文先生百忙中为本书赐序,被文化圈朋友誉为才子的钱德强先生送来精彩的书法贺词,一并深表感谢。

人的一生是短暂的,不管你走多远,兜多大的圈子,但最终还是会回到这老地方来。我已距老地方越走越近,最让我欣慰的是,在我人生的荒原上默默耕耘中有一次终点的收获,足矣!